AF550326

Das beste Buch für hochsensible Kinder

Ich kenne Sabina Pilguj als Autoren Kollegin vom Verlag Via Nova. Ich schreibe ebenfalls über das Thema Hochsensibilität und kenne den Büchermarkt sehr genau. Ich kann dieses Buch nur wärmstens empfehlen. Es ist wundervoll gestaltet mit liebevollen Illustrationen und einfühlsamen Erklärungen, die den kleinen Lesern helfen, sich selbst anzunehmen und zu verstehen. Im Zusammenhang mit dem tollen Hund wird das Buch ganz lebendig, lustig und lebensnah. Eine absolute Empfehlung für alle Eltern, die mit ihren Kindern gemeinsam etwas lesen wollen! Einfach toll.

Sylvia Harke, Autorin und Inhaberin HSP-Academy

Nicht nur für Kinder

Sabina Pilguj bringt anhand der rührenden Geschichte ihres Hundes das Thema Hochsensibilität näher und macht großen wie kleinen „Sensibelchen" Mut, zu dieser besonderen Gabe zu stehen.

Sabine Ruthenfranz, Autorin & Coach

Wundervoll einfühlsam

Auf sehr gelungene und berührende Art und Weise schafft es Sabina, die empfindsame und dabei so kluge Hundeseele mit der Seele des Kindes zu verbinden. Dabei werden den Kindern und den Erwachsenen sehr wertvolle und liebevolle Sichtweisen zum eigenen Sein und zur eigenen Empfindsamkeit nahgebracht. Auch die Bilder sind ganz wundervoll und herzöffnend. Ein wundervolles Werk.

Gila Antara, Sängerin und Liedermacherin

Ein tolles Buch für Sohn UND Mutter

Mein Sohn (9 Jahre alt) und ich sind beide hochsensibel, für ihn ist es dabei oft schwierig, in Worte zu fassen, was es damit auf sich hat und wie es ihm damit geht. Durch Amigos wunderbar kindgerechte Sprache und die Fragen bzw. Anregungen am Ende jedes Kapitels sind wir jedoch immer sehr leicht ins Gespräch gekommen, und es sind so ganz wunderbare, tiefgehende Unterhaltungen entstanden. Das hat meinem Sohn sehr geholfen, seine Hochsensibilität etwas klarer zu sehen und dies auch ausdrücken zu können.
Ich danke Sabina Pilguj und Amigo für dieses bereichernde Buch!

Svenja Loewe, Autorin und Bloggerin

Sabina Pilguj

Ich bin wie ich bin - genial und total normal

Ein Mutmachbuch für (hoch)sensible Kinder

Wichtige Hinweise/Haftungsausschluss

Dieses Buch ist ein Ratgeber für hochsensible Kinder und deren Eltern.
Die Tipps und Übungen haben sich in der Praxis erfolgreich bewährt. Eine Garantie kann jedoch nicht übernommen werden. Eine Haftung des Autors, des Verlags oder seiner Beauftragten für Personen-, Sach- oder Vermögensschäden ist ausgeschlossen.

3. Auflage Januar 2020

Alle Rechte der Verbreitung, auch durch Funk, Fernsehen, digitale Medien und sonstige Kommunikationsmittel, fotomechanische oder vertonte Wiedergabe sowie des auszugsweisen Nachdrucks vorbehalten.

Illustrationen: Carla Wendt

© 2020 ViaNaturale GmbH · www.vianaturale.de

ISBN: 978-3-9817978-1-7

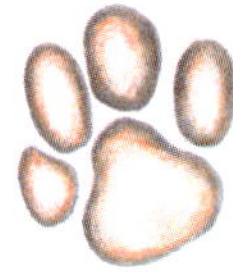

Ich widme dieses Büchlein allen
feinfühligen und hochsensiblen Lebewesen –
den Menschenkindern, den Erwachsenen,
sowie den sensiblen Hundeseelen.

Dieses Büchlein ist ein besonderes Geschenk
für

....

Aus Amigos Schatzkästchen

Vorwort

Für die jungen Leser

Ich möchte dieses Buch für dich schreiben, weil ich dich mit deinem Feingefühl und deiner sensiblen Wahrnehmung sehr gut verstehen kann und du dich einfach genial fühlen sollst - so wie du bist.

Für Eltern

Es soll ein Buch für kleine und große Menschen, also für Kinder und auch für Erwachsene sein.

Mir ist es ein großes Anliegen, die Botschaft in die Welt zu tragen, dass Hochsensibilität bzw. Hochsensitivität etwas total Normales und keine Auffälligkeit, psychische Störung oder gar eine Krankheit ist. Sie ist ein besonderer Wesenszug. Und wenn diese Gabe erkannt, anerkannt, verstanden, angenommen und wertgeschätzt wird, kann sie ein großer Schatz sein. Hochsensible Menschen tragen ein großes Potential in sich, es muss nur verstanden, in die richtigen Bahnen gelenkt und als ein Geschenk statt als ein Anderssein betrachtet werden.

Ich habe dieses Buch geschrieben, weil ich das Gefühl kenne, wie es ist, sich anders zu fühlen. Ich bin seit meinen Kindertagen sehr feinfühlig und weiß, dass sich diese intensive Gefühlswelt und all die vielen Eindrücke und Wahrnehmungen manchmal komisch oder fremd anfühlen und einen regelrecht überwältigen können.

Einige Menschen und auch Tiere haben von Geburt an diese besondere Gabe, sie sind sehr viel sensibler als andere. Dieses Phänomen wird „Hochsensibilität" oder auch „Hochsensitivität" genannt.

Wer diese besondere Wahrnehmung in sich trägt, fühlt sich manchmal fremd in dieser Welt. Es scheint oftmals so, als würden einen die anderen Kinder und Erwachsenen nicht richtig verstehen. Es gibt Momente im Leben, in denen man sich allein, unverstanden und eben anders fühlt. Aber man ist nie wirklich allein. Es gibt immer Eltern, Freunde, Verwandte und tierische Kumpel, die einem gerne zur Seite stehen.

Gerade sehr feinfühlige Kinder scheinen aufgrund der vielen Reize oftmals große Herausforderungen in ihrem Leben zu erfahren. Deshalb ist es wichtig, den Kindern Mut zu machen und sie auf ihrem Weg zu unterstützen. Sehr einfühlsame und sensible Kinder empfinden das Leben hin und wieder als sehr schwierig, da sie intensiver empfinden und fühlen und sich deshalb auch sehr viele Dinge mehr zu Herzen nehmen.

Dieses Buch soll den Kindern zeigen, wie sie...

- kleine Lebenslektionen meistern können.
- sich besser fühlen und sich nicht fremd und verloren vorkommen.
- Achtsamkeit für ihre Gefühle und Bedürfnisse entwickeln.
- lernen, gut für sich zu sorgen.
- die eigenen inneren Schätze entdecken.
- sich verstanden und total normal fühlen.
- Selbstannahme und Selbstbewusstsein entfalten können.
- Strategien lernen, bei Reizüberflutung oder hohem Stresslevel wieder zur Ruhe und Entspannung zu kommen.
- mehr Gelassenheit und Entspannung in ihrem Leben erfahren.
- insgesamt müheloser mit ihrer Gabe „Hochsensibilität" leben können.

Einleitung

Mein Hund Amigo, ein Podenco Ibicenco (eine spanische Jagdhundrasse), ist ein ganz außergewöhnlicher Hund. Manchmal wirkt er durch sein Aussehen wie ein Feen- oder Fabelwesen auf vier Pfoten. **Und eins hat Amigo mit dir und mir gemeinsam**:

Er ist etwas ganz Besonderes:
Sehr feinfühlig und einfühlsam – einzigartig genial.

Es gibt sicherlich auch Hunde anderer Rassen und natürlich auch Mischlinge, die ebenfalls sehr feinfühlig, sensibel oder hochsensibel und etwas ganz Besonderes sind. Aber in diesem Buch spielt der Podenco Amigo die Hauptrolle – einfach, weil er schon so lange bei mir ist und ich ihn gut kenne.

Amigo möchte dir seine Geschichte erzählen, die ich für ihn aufgeschrieben habe, da er mit seinen Hundepfoten nicht schreiben kann.

Amigos größter Wunsch ist es, dass du von seiner Geschichte etwas für dein Leben lernen kannst. Und vor allen Dingen möchte er, dass du weißt, dass du mit all deinen vielen Gefühlen und deiner sensiblen Wahrnehmung nicht allein auf der Welt bist.

Er wird dir in diesem Buch spannende, lustige und nachdenklich machende Begebenheiten aus seinem Leben und von seinem Frauchen Sabina erzählen. Es sind keine Märchen, sondern wahre Erlebnisse. Einiges wird dir sicherlich sehr bekannt und vertraut vorkommen.

Amigo möchte dein Herzenswegbegleiter sein, ein Freund auf vier Pfoten.

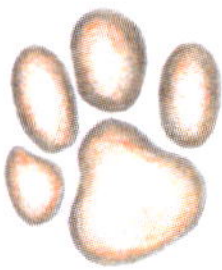

Amigo möchte dich kennenlernen und etwas von dir und deinem Leben erfahren. Dazu stellt er dir am Ende einiger Kapitel eine Frage oder bittet dich, etwas zu malen. Wenn du noch nicht alleine schreiben kannst, dann bitte deine Eltern, Geschwister, Oma, Opa oder einen anderen Menschen um Hilfe.

Viel Freude beim Lesen wünschen Amigo und Sabina!

Amigos Schutzengel

Amigo ist ein Hund, der aufgrund seiner Erscheinungsform meistens auffällt. Er sieht anders aus, als die anderen Rassehunde oder Mischlinge.

Der „Podenco Ibicenco" ist eine beliebte spanische Jagdhundrasse und ähnelt einem Windhund. Er ist groß und sehr schlank gebaut. Sein Körper hat kaum Fett, denn er besteht fast nur aus Muskeln und Sehnen, darum wirkt er so dünn. Und er hat riesengroße Ohren. Amigo ist ein ganz besonderer Hund, nicht nur von seinem Aussehen her, sondern auch von seinem Wesen. Warum das so ist, wird er dir persönlich in diesem Buch berichten.

Ich bin fest davon überzeugt, dass Amigo einen Schutzengel hat. Ich glaube, dass jeder Mensch und jedes Tier von Geburt an einen Schutzengel an seiner Seite hat. Ein Schutzengel ist für alle Kinder- und Tierseelen ein wichtiger (Lebens-)Begleiter. Natürlich auch für Erwachsene.

Manchmal denke ich, dass Amigos Schutzengel dafür gesorgt hat, dass er wie durch einen Zufall oder ein Wunder zu mir gekommen ist. Es kann durchaus möglich sein, dass sein Schutzengel ein wenig nachgeholfen hat, als ich auf der Suche nach einem Podenco-Welpen „zufällig" ausgerechnet ein Foto von Amigo (damals hieß er noch „Olli") im Internet entdeckt und mich in den kleinen Fratz verliebt habe.

Auch wenn ich meinen Schutzengel nicht sehen kann, rede ich in Gedanken manchmal mit ihm. Genauso wie ich auch mit meinen Hunden rede.

Wenn ich mir Sorgen mache oder ich viele Gedanken im Kopf habe, die mich sehr beschäftigen, dann teile ich diese mit meinem Schutzengel.

Gesehen habe ich meinen Schutzengel zwar noch nicht, aber ich stelle mir oft vor, wie er aussieht und welche Kleidung er trägt.

Kannst du dir deinen Schutzengel vorstellen? Wenn ja, zeichne ihn:

Amigos Geschichte

Da kommt er her

Geboren wurde der kleine Welpe in Spanien, nahe der Stadt Alicante, in einer ländlichen Gegend. Seine Mama, eine wilde, braune Podenca, hatte ein Rendezvous mit einem weißen Podenco-Rüden, der auf einer Finca bei einer Familie mit drei anderen, kleineren Hunden lebte.

Die Hündin hatte sich in den weißen Rüden verliebt. Die zwei Verliebten verbrachten eine wundervolle Nacht bei silbrig leuchtendem Vollmond miteinander und hatten sich ziemlich lieb.

Ein paar Wochen später, nach ungefähr 60 Tagen, wurde die Hündin eines Abends unruhig und fing an, im Gestrüpp der Wildnis eine Art Nest zu bauen. Sie wusste, dass sich die Geburt ihrer Welpen ankündigte. In jener Nacht wurde die Hündin Mama und brachte sechs kleine wunderschöne Podenco-Welpen zur Welt, drei Mädchen und drei Jungs.

Der Vater, der weiße Podenco, muss die Geburt seiner Kinder gespürt haben, denn er jaulte am Zaun und wollte zu der Hündin und den Welpen. Der Besitzer der Finca, ein Mann namens Carlos, beobachtete seinen Rüden und spürte, dass etwas nicht stimmte. Er öffnete das Tor und sah, wie sein Rüde ins Gestrüpp schoss und dort winselte. Er folgte seinem Hund und näherte sich vorsichtig der Stelle. Die scheue Hündin lief sofort weg und floh ins Gebüsch, obwohl sie große Angst um ihre Welpen hatte. Carlos sah die Welpen und hatte sofort das Gefühl, er müsse helfen. Er eilte zurück zur Finca und holte einen Karton, um die klitzekleinen Welpen vorsichtig einzusammeln. Zusammen mit dem aufgeregt bellenden Rüden und den Welpen ging er zurück auf das eingezäunte Grundstück und stellte den Karton an einen sicheren Ort, im Schatten nahe der Veranda, ab. Seinen Rüden band er für einen kurzen Moment in der Nähe der Welpen an einen Pfahl an, da er so etwas wie ein „Lockvogel" sein sollte. Dann ging er zum Eingangstor des Geländes und öffnete es weit. Die verunsicherten Welpen riefen nach ihrer Mutter und fiepten und winselten ganz laut. Die scheue Podenca streifte in großer Sorge und Angst um ihre Welpen vor dem Zaun des Grundstückes herum. Sie bellte und winselte, um ihren Welpen zu antworten, aber sie wagte es nicht, dort hinzulaufen.

Inzwischen wurde es Abend. Erst als es ganz dunkel geworden war, traute sie sich, durch das geöffnete Tor auf das Grundstück zu ihren Welpen zu laufen. Sie rannte direkt zu den Podenco-Babies, um diese endlich trinken zu lassen. Die Kleinen waren schon ganz durstig. Sie freuten sich riesig und waren überglücklich, dass ihre Mama wieder bei ihnen war.

Als der Besitzer der Finca sah, dass die Hündin zu ihren Welpen gekommen war, eilte er schnell zum Tor und schloss es. Das Grundstück war groß genug, sodass sich die scheue Podenca notfalls verstecken, aber trotzdem geschützt bei ihren Welpen sein konnte. So waren Hundemama, Hundepapa und die sechs Hundekinder in Sicherheit. Zum Glück! Denn für junge Welpen kann es in der wilden Natur Spaniens sehr gefährlich sein. Besonders wenn die Hündin nicht immer anwesend ist, weil sie für sich Fressen besorgen muss. Es gibt zu viele hungrige wilde Tiere, für die so kleine Hunde eine leichte Beute sind. Da die Podenco-Mama jetzt nicht mehr auf Futtersuche zu gehen brauchte, sondern regelmäßig von Carlos einen gefüllten Napf mit leckerem Futter hingestellt bekam, konnte sie schnell Vertrauen zu den Menschen fassen. Sie spürte, dass ihr hier keine Gefahr drohte. Die Hündin war zwar immer noch sehr scheu und ließ sich nicht anfassen, aber sie rannte nicht mehr fort, wenn sich ihr jemand auf der Finca näherte. Der weiße Podenco-Rüde schlief nun nicht mehr im Haus auf seinem Lieblingsplatz, dem kuscheligen Sofa, sondern legte sich zu seiner Hundefrau und den Hundekindern. Er wollte bei seiner Familie sein. Carlos hatte für die Hundefamilie eine Hundehütte gebaut. Die Hütte hatte sogar ein Fenster und innen lagen weiche Decken und ein Kissen, sodass die Kleinen es kuschelig hatten und sich in ihrem Hundehäuschen wohl und geschützt fühlten.

Schnell verging die Zeit, und die jungen Hunde öffneten nach zwölf Tagen zum ersten Mal ihre Augen.

Info: Hundewelpen werden mit geschlossenen Augen geboren, darum werden sie auch Nesthocker genannt. Sie wachsen und gedeihen, liegen nah beieinander, und erst nach circa 10-16 Tagen öffnen sie ihre Augen.

Sie erkundeten alle ihre Umgebung und es wurde immer lebendiger. Alle Menschen, die auf der Finca lebten, und auch die Besucher, die an manchen Tagen vorbeischauten, hatten die süßen Welpen liebgewonnen.

Die kleinen Racker hatten es richtig gut getroffen. Sie konnten sich frei entfalten, da sie auf dem ganzen Gelände und auch überall im Haus herumtoben und sich aufhalten durften.

Amigo erzählt euch von seiner Welt

Schon als klitzekleiner Welpe fand ich die Welt superspannend – und in beinahe jeder Minute zeigte sich mir ein neues Abenteuer. Das Leben ist eben ein spannendes Abenteuer!

Je älter meine Geschwister und ich wurden, desto lebendiger und wilder wurden wir. Manchmal spielten wir mit den Hühnern Fangen, oder wir sprangen über das Sofa, tobten wild herum und verwandelten alles in einen großen Hundespielplatz. Es war nie langweilig, denn wir hatten immer viel Spaß und haben irgendwelchen Blödsinn gemacht.

Meine Geschwister liebten das Raufen und Rangeln, ich eher nicht. Klar, habe ich auch mal mitgerauft, aber ich ging lieber auf Entdeckungsreise, denn es gab immer etwas aufzuspüren. Oder ich schaute den Vögeln, den Schmetterlingen und den Bienen beim Fliegen zu. Manchmal lag ich auch einfach nur mit geschlossenen Augen auf einer Sonnenliege und lauschte der Welt um mich herum. Wenn ich die Augen zumachte, konnte ich auf einmal sehr viel intensiver hören. Ich war fasziniert von all den vielen verschiedenen Geräuschen. So, als würde die Natur aus einem großen Orchester bestehen: Die Bienen summten, die Grillen zirpten, die Vögel zwitscherten, und durch die heiße Mittagssonne öffneten sich die Pinienzapfen und knackten dann. Ich liebte diese Naturkonzerte sehr, atmete den besonderen Duft der spanischen Landschaft ein und fing an zu träumen

Ich träumte oft von einer wundervollen Welt in wunderschönen Farben und Formen. Deshalb nannte mich die Frau von Carlos, sie hieß Karin, auch manchmal liebevoll „Träumerle".

Während all meine Geschwister so tolle Namen, wie Pedro, Chico, Ambra, Ciela und Luna bekamen, wurde ich nur „Olli" gerufen. Ich sei so tapsig, verträumt und eben anders als die anderen, meinte Karin. Eben der Olli. Ich wusste gar nicht, was sie damit meinte. Aber es war mir auch egal, denn mein Motto war „**Viva la Vida**" – was spanisch ist und so viel bedeutet wie: „**Lebe das Leben**".

Ja, ich liebte das Leben und all das, was es zu entdecken gab. Ich war selten ängstlich, denn ich war viel zu neugierig, wollte immer neue Dinge erleben und mich einfach frei fühlen. Darum war ich auch häufig allein auf dem großen Grundstück unterwegs. Dort lauerten ja keine Gefahren und ich habe auch nie etwas angestellt, was wirklich gefährlich war. Aber so gern ich auch den Duft der weiten Welt schnupperte, so wichtig war es mir, immer nahe bei meiner Hundemama zu sein. Ich wollte möglichst oft kuscheln. Und wenn ich mich einmal aus irgendeinem Grund erschrocken hatte oder traurig war, konnte ich beim Kuscheln meine Tränen an Mamas weichem, braunen Fell trocknen. Ich war ihr „wilder Kuscheljunge", so nannte sie mich liebevoll. Ich konnte nämlich ganz schön wild sein, und beim Herumtoben war ich meistens viel schneller als meine Schwestern und Brüder.

In einigen Momenten war ich auch der Allerlauteste, ich konnte richtig laut bellen, knurren und ganz schrill losheulen. Das war meine wilde, laute Seite. Aber ich hatte auch noch eine andere, eher leise Seite, denn ich war auch sehr empfindsam, eben sehr sensibel und leicht verletzbar. Manchmal sagten andere etwas zu mir, was mich kränkte, manchmal gingen sie grob mit mir um und ich fühlte mich dabei nicht wohl. „Heulsuse" riefen mich dann meine Hundegeschwister und lachten mich aus, weil ich häufig weinen musste, wenn ich etwas Trauriges erlebt oder mir etwas sehr zu Herzen genommen hatte. Das fand ich nicht schön und ziemlich gemein. Ich hätte niemals jemanden ausgelacht, dem die Tränen übers Gesicht liefen!

Die Zeit verging so schnell und nach fast fünf Wochen waren wir schon so groß, dass wir nur noch selten von unserer Mama gesäugt werden mussten. Wir wollten lieber allein fressen. Karin und Carlos kochten ganz tolles, super leckeres Futter für uns Welpen. Nun waren wir keine Babys mehr, fühlten uns einerseits schon richtig erwachsen, wollten immer herumtoben und die Welt erobern. Aber andererseits wollten wir auch immer wieder mit Mama in der Sonne liegen und uns an sie kuscheln. Mit Mama zu kuscheln war das Wunderschönste überhaupt. Ich liebte die Nähe und das wohlige Gefühl, Mamas Herz puckern zu hören und die Wärme ihres Fells zu spüren.

Im Alter von zweieinhalb Monaten waren wir, die jungen Wilden, kaum mehr zu bändigen und fingen an, immer mehr Blödsinn zu machen. Auf der Finca lebten nicht nur wir jungen Podencos, sondern auch noch drei kleine Mischlingshunde. Meine Geschwister ärgerten diese kleinen Hundezwerge ziemlich oft. Sie nahmen ihnen die Kauknochen oder das Spielzeug weg, fraßen ihnen auch mal das Futter auf oder zwickten sie einfach ins Fell.

An manchen Tagen griffen sie aus lauter Übermut die schlafenden Mischlingshundezwerge an. Einfach nur so zum Spaß, um sie zu erschrecken. Das alles fand ich immer so hundsgemein, aber meine Geschwister konnten es nicht lassen. Sie hatten ihren Spaß dabei, andere zu ärgern.

Wenn ich mich dann für die Hundezwerge einsetzte, wurde ich immer als Spielverderber beschimpft. Ich mochte es aber einfach nicht, wenn andere geärgert wurden. Mir tat dann manchmal mein Herz richtig weh, jedenfalls fühlte es sich so an. Ich hatte immer Mitleid.

An manchen Tagen hatten wir dagegen alle zusammen großen Spaß. Dann war es total lustig, mit den kleinen Hundezwergen und meinen Geschwistern zu toben. Wir Welpen waren nämlich schon größer als die kleinen Mischlinge. Wenn es dann wieder mal so richtig wild zuging und neun Hunde (wir sechs Podenco-Welpen und die drei Zwerge) durch die Gegend flitzten, waren Karin und Carlos nicht sehr begeistert. Insgesamt waren wir elf Hunde auf der Finca – und das war eindeutig zu viel. Karin sagte manchmal, wir würden ihr das Portemonnaie leer futtern.

Darum war Carlos der Meinung, dass es an der Zeit sei, für uns junge Podencos ein neues Zuhause zu suchen. Er erzählte es im Dorf und eine Tierschützerin bot ihm ihre Unterstützung an. Alle Welpen sollten ein tolles neues Zuhause bekommen. Es wurden Fotos für das Internet gemacht, um neue „Podenco-Eltern" – also Menschen – für uns zu suchen.

So nahm alles seinen Lauf und wir jungen Hunde fanden alle schnell ein neues Zuhause bei wundervollen Menschen: Drei junge Podencos blieben in Spanien, einer fand eine Familie in Österreich und einer meiner Brüder und ich wurden jeweils von einer Familie in Deutschland aufgenommen.

Ein Schnappschuss aus Spanien: Mein Babyfoto - damals hieß ich noch „Olli"

Mein neues Zuhause

Der 4. August 2006 war einer der aufregendsten Tage in meinem Leben. Ich wurde von meiner spanischen Familie liebevoll in eine kleine graue Hundebox gesetzt. In der Box war es ganz kuschelig, weil dort eine flauschige Decke und mein Lieblingskissen lagen. Das Kissen hatte ich schon als kleiner Welpe in der Hundehütte in Beschlag genommen.

Ich hörte, wie Carlos und Karin miteinander sprachen, dass ich es bald sehr, sehr gut haben würde. Karin war ein wenig traurig, ich glaube, sie hat auch geweint, wurde aber von Carlos liebevoll getröstet. Meine Hundemama und mein Hundepapa kamen angelaufen und schauten noch einmal in die Box. Sie zwinkerten mir zu, stupsten mich zärtlich mit ihren Nasen an, gaben mir einen Abschiedskuss und wünschten mir eine gute Reise. Sie waren zwar traurig, aber trotzdem strahlten ihre Augen. Sie verabschiedeten mich mit einem lachenden und einem weinenden Auge. Vielleicht weil sie wussten, dass ein neuer Abschnitt in meinem Leben beginnen sollte und ich es gut haben würde.

Dann wurde die Box geschlossen und in Carlos Auto gestellt. Mit dem Auto fuhren wir zu einem großen Gebäude, dem Flughafen von Alicante.

Erst jetzt begriff ich, dass sich mein Leben komplett verändern würde. Ich war einerseits ein wenig traurig, aber andererseits freute ich mich auch auf ein neues Zuhause. Ich hatte ja schon vor ein paar Tagen gehört, dass ich nach Deutschland umziehen sollte. Eine Frau hatte zuvor angerufen und sich für mich – nur für mich (!) – interessiert. Sie wollte unbedingt, dass ich „ihr Hund" werde und bei ihr wohne.

Carlos traf am Flughafen eine junge Frau. Sie war eine Abiturientin und hatte gerade ein Praktikum bei einer Tierschutzorganisation gemacht. Sie begrüßten sich und Carlos übergab ihr die Hundebox, in der ich saß. Die junge Frau war meine Flugbegleiterin. Sie musste am Flughafen mit Hilfe von Carlos und einer weiteren Tierschützerin meine Reisepapiere beim Einchecken abgeben und dann die Flugbox aufs Verladeband stellen. Dann ging meine erste große Reise los.

Während des Fluges war ich ganz alleine in einem großen Frachtraum. Der Flug war schrecklich, weil es im Frachtraum so laut und dunkel war. Aber ich legte mich einfach hin, schloss die Augen und erinnerte mich an das wohlige

Gefühl, wie es war, als ich mich an Mamas Fell kuschelte. Die Decke in meiner Flugbox roch noch ganz intensiv nach ihr und das tröstete mich ein wenig. Ich wurde ein bisschen traurig und musste an mein altes Zuhause denken, aber irgendwann schlief ich ein und wachte erst wieder bei der Landung auf. Völlig verschlafen und etwas benommen wurde ich dann in meiner Box aus dem Flugzeug geholt, wobei es ziemlich rumpelte. Es kam mir alles unendlich lang und irgendwie komisch vor. Ein deutschsprachiger Mann trug meine Box in eine große Halle. Dort wartete meine Flugbegleiterin schon. Fürsorglich schaute sie in die Box und lächelte mich an. Dann stellte sie die Box auf einen Rollwagen und fuhr mit mir los. Ich war plötzlich hellwach und ziemlich aufgeregt.

Auf einmal schauten zwei fremde Gesichter in meine Box hinein. Meine Flugbegleiterin war es nicht, aber ich hörte ihre Stimme aus dem Hintergrund. Dann wurde die Tür der Box geöffnet und ich wurde herausgeholt.

„Oh, nein, ist der süß", klang es in meinen Ohren und ich sah zwei Menschen, die ganz feuchte Augen vor Rührung hatten. Die Frau, sie hieß Sabina, nahm mich überglücklich in die Arme und drückte mich an ihr Herz. Es puckerte ganz laut und erinnerte mich an meine Mama in Spanien. Und dann durfte ich mich auch an den Mann ankuscheln – sein Name war Frank. Hier fühlte ich mich gleich wohl. Es wurden noch einige Papiere übergeben und dann wurde ich in ein Auto getragen. Inzwischen war es schon Mitternacht und ich war schrecklich müde, aber auch total aufgedreht.

Ich fühlte mich irgendwie so verloren, hilflos, fremd, allein und ein wenig traurig. Ich wurde ganz hibbelig und fing an zu heulen, als wir durch die dunkle Nacht fuhren. „Wir haben scheinbar einen kleinen Wolf im Auto", sagte Frank lachend.

Das Auto stoppte und ich wurde herausgehoben. Da stand ich nun, mitten auf einem Weg vor einem weißen Haus und zitterte vor Aufregung und Müdigkeit. Aus der Haustür kam ein Junge mit einem Hund gelaufen. Der helle, kniehohe Hund hieß Benji. Ich hörte, wie der Junge seinen Namen rief. Benji kam sofort auf mich zugelaufen, begrüßte mich freudig und wedelte ganz doll mit seiner Rute. Es fühlte sich so vertraut an, als wären wir schon immer Freunde gewesen.

Der Junge hieß Ricardo und knuddelte mich erst einmal. Wir haben alle zusammen einen kleinen Spaziergang gemacht, damit wir Hunde noch einmal Pipi machen konnten. Es roch hier alles ganz anders als in Spanien. Aber ich hörte ein paar Grillen zirpen, das erinnerte mich an die lauen Abende in meiner alten Heimat.

Dann gingen wir in das Haus und endlich wurden mir das Halsband und die Leine abgemacht. Ich durfte mich wieder frei bewegen. Nach solch einem langen, anstrengenden Tag mit so viel Aufregung und wenig Bewegung war das ein gutes Gefühl. Aber ich war dennoch ein wenig ängstlich und total verwirrt. In meinem Kopf drehte sich alles. Dann kam auch noch ein Kater, namens Jio, auf mich zugelaufen. Ich erschrak zuerst, als ich diese leuchtend blauen Augen sah. Der Kater war wunderschön und wir beschnüffelten uns ein wenig. Er schien nett zu sein. Aus Spanien kannte ich einen Kater von der Nachbarfinca. Dieser hieß Leo und fauchte alle Hunde an. Vor ihm hatten wir immer großen Respekt und hielten lieber Abstand zu diesem fauchenden Monster. Aber dieser Kater mit den blauen Augen schien freundlicher.

Dann schaute ich mich weiter um und entdeckte ein tolles Hundekörbchen mit einer weichen Decke und einem Kuschelkissen, direkt unter der Treppe. Es war klasse und ich sprang sofort hinein. Leider musste ich vor lauter Aufregung und Freude auf einmal Pipi machen. Das war mir richtig peinlich! Benji war natürlich nicht erfreut, denn es war sein Körbchen „Macht nichts, der Bezug wird gleich gewechselt", sagte Sabina. Niemand schimpfte mit mir, weil mir dieses Malheur passiert war. Meine neuen Menschen waren sehr fürsorglich. Sie machten sich Gedanken, ob ich mich vielleicht einsam fühlen und meine Podenco-Geschwister und Mama und Papa vermissen würde. So wurde entschieden, dass ich gemeinsam mit Frank auf dem Sofa im Erdgeschoss des Hauses schlafen durfte. Er nahm mich liebevoll in den Arm und ich fühlte mich sehr geborgen und schlummerte sofort tief und fest ein.

Am nächsten Morgen durfte ich den großen Garten bewundern. Dieser war etwas kleiner als der in Spanien, aber trotzdem super. Auf dem Rasen lag tolles Spielzeug für uns Hunde. Ich hatte sogar schon große Lust, mit Benji im Garten herumzutoben. Wir spielten Fangen und rannten wie wild herum. Das war klasse! Und als ich dann hundemüde wurde, lief ich gleich zu Frank, der auf einer blauen Bank auf der Terrasse saß, und kuschelte mich in seine Arme. Ich schlief sofort ein.

Ja, ich fühlte mich hier gleich ganz wohlig und geborgen – ein tolles Gefühl! Ich wusste, dass mein Schutzengel (den es bestimmt gibt) mir die allerbesten Menscheneltern und ein wundervolles, neues Zuhause ausgesucht hatte.

Wir hatten uns alle gegenseitig sofort ins Herz geschlossen. Alles fühlte sich rundherum gut an und ich wusste, dass es der Beginn eines neuen, wundervollen Lebensabschnitts sein würde.

Meine Hundemama, meinen Hundepapa und auch meine Hundegeschwister werde ich natürlich immer in Gedanken und in meinem Herzen behalten. Ich werde mich ein Leben lang an sie und die schöne Welpenzeit in Spanien erinnern.

Als ich in meinem neuen Zuhause ankam, hatte ich zuerst komische Gefühle in meinem Herzen und in meinem Bauch, aber nach ein paar Tagen fühlte sich alles schon ganz anders an. Nämlich total aufregend und richtig toll. Meine komischen Gefühle waren wie weggeblasen und ich freute mich, hier angekommen zu sein. Angekommen in einem neuen Lebensabschnitt bei einer neuen Familie mit Hundebruder und Katzenkumpel.

Ich war so glücklich und freute mich auf alles,
was noch kommen würde:
Meinen neuen Lebensabschnitt.

Auf Neues freuen

Ich bin ein kleiner Schatz

Ich fühlte mich wie im Paradies, denn mir wurde beinahe jeder Wunsch erfüllt. Und ICH war auf einmal der absolute Mittelpunkt, ohne dass meine Geschwister sich immer in den Vordergrund drängten. Ich hatte wundervolle Menschen und einen neuen Hundefreund an meiner Seite.

Auf Benji konnte ich von Anfang an sehr stolz sein, er war wie ein großer Bruder. Benji war sehr gut erzogen, beherrschte viele Tricks und war ein toller Hundekumpel. Mit ihm konnte ich die allerwildesten Tobespiele machen und meistens ließ er mich sogar gewinnen.

Übrigens fanden alle meinen Namen „Olli" blöd – und beim Familienrat wurde ein neuer Name für mich ausgesucht. Man entschied sich für „Amigo", ein spanischer Name, der viel besser zu mir passte. Amigo bedeutet „Freund". Ich war eben ein toller Amigo. Und wenn ich ganz ehrlich bin, konnte ich meine Menscheneltern mit meinen großen, hellgrünen Kulleraugen sofort um die Pfoten wickeln. Mein Frauchen Sabina war in meinen Blick total verliebt.

Mein Herrchen Frank, ich nannte ihn sofort liebevoll „El Chefe" (weil er eben der Chef der Familie war), hatte mich von Anfang an in sein Herz geschlossen, beinahe wie verliebt. Natürlich nicht so, wie in seine Frau und seinen Sohn Ricardo, aber er bekam immer einen ganz verliebten Blick, wenn er mich anschaute.

Alle nannten mich einen ganz besonderen Hund, eben einen kleinen Schatz. Es war ein tolles Gefühl, diese Worte zu hören. Denn in Spanien war ich einfach immer nur der „Olli" oder der „Träumer" gewesen. Manchmal riefen sie mich auch „loca loca", was so viel bedeutet wie „ein bisschen verrückt". Dann fühlte ich mich ganz schlecht, komisch und anders. Meine Geschwister waren immer die Tollsten und ich scheinbar nur der Doofe, weil ich manchmal anders als die Anderen war. Anders, aber eben nicht besser oder schlechter! Einfach nur anders.

Meine Hundemama machte niemals einen Unterschied. Sie liebte uns alle auf gleiche Weise, aber sie wusste, dass ich empfindsamer als meine Geschwister war. Sie zwinkerte mir oft ganz liebevoll zu, wenn die Menschen in Spanien über mich redeten und mich mit den anderen Welpen verglichen.

Sie wollte mir Mut machen und mir zeigen, dass sie mich so liebte, wie ich eben war. Sie empfand mich als sehr gefühlvoll, einfühlsam und sensibel – auf meine ganz spezielle Art – eben als etwas sehr Besonderes.

Und nun war ich hier, bei meiner neuen Familie, die mich auch gleich in ihr Herz geschlossen hatte. Ich war von Anfang an ihr „Schatz", ein toller Hund, und sie fanden mich ganz einzigartig. Sie liebten alles an mir: Mein Wesen, meine Begabung – alles wurde vom ersten Moment an wertgeschätzt. Die Menschen mochten mich sehr und das fühlte sich gut an. Durch sie konnte ich lernen, dass alles mit mir in Ordnung war, mit meinen Talenten, Begabungen und mit all meinen Charaktereigenschaften. So wie ich eben war und wie ich fühlte. Ich wurde einfach für mein Sein geliebt und wertgeschätzt. Obwohl Sabina und Frank oftmals Rücksicht auf meine besondere Gefühlswelt nahmen, wurde ich aber niemals verhätschelt oder in Watte gepackt. Im Gegenteil, meine Talente und Begabungen (meine Stärken) wurden gefördert und meine Schwächen (zum Beispiel, wenn ich schnell ein bisschen hektisch wurde) einfach akzeptiert, ohne mich verändern zu wollen.

Dadurch habe ich schon sehr früh gelernt, wie bedeutsam es ist, sich selber als wichtig und als etwas Besonderes anzunehmen. Das hat nichts mit Angeberei zu tun, sondern es ist sehr wichtig, sich selber zu mögen. Und vor allen Dingen ist es auch noch superwichtig, die eigenen Begabungen als etwas ganz Tolles zu sehen, eben zu schätzen. Die Erwachsenen nennen es: **Selbst-Wertschätzung**.

Wenn ich manchmal im Garten lag, habe ich mir beim Dösen überlegt, was ich eigentlich an mir mag, also an mir richtig gut finde. Auch, welche Eigenschaften an mir besonders sind oder was ich gut kann und welche Begabungen und Fähigkeiten ich habe.

Die Besonderheiten, die ich an mir mag, und meine Begabungen, Talente und Fähigkeiten machen mich besonders und einzigartig – all das zusammen macht meine Persönlichkeit aus.

Meine Persönlichkeit ist mein allergrößter Schatz, den ich in mir trage - denn das bin ICH! Ich bin ich - einzigartig und besonders.

Zuerst war es übrigens gar nicht so leicht, mir zu dem Thema „meine Persönlichkeit" Gedanken zu machen. Aber je öfter ich überlegt habe, desto mehr Dinge sind mir eingefallen. Überleg du jetzt mal, was du an dir wertschätzt.

Was sind deine Stärken, deine Besonderheiten, deine Begabungen, deine Talente? Was kannst du besonders gut? Was macht dir richtig Spaß?

Selbst-Wertschätzung

Wohlfühlen

In meinem neuen Zuhause habe ich mich von der ersten Sekunde an pudelwohl gefühlt. Man sagt das so, obwohl ich ja gar kein Pudel, sondern ein Podenco bin. Eigentlich müsste es podencowohl heißen...

So manches Mal habe ich mir überlegt, warum ich mich hier bei Sabina, Frank, Ricardo, Benji und Jio gleich so wohl gefühlt habe. Es mag einerseits daran gelegen haben, dass ich ein tolles, eigenes Körbchen bekam, in ein schönes Heim eingezogen bin, mir superleckeres Futter serviert wurde und ich mit einem schicken Halsband und einer ebensolchen Leine ausgestattet wurde. Mir fehlte es an nichts. Ich war total glücklich, weil ich so viele tolle Dinge hatte. Mein neues Leben war klasse. Aber es war da noch etwas Anderes, außer den vielen materiellen Dingen! Es war ein besonderes Gefühl in meinem Herzen. Meine neuen Menschen schenkten mir ein Gefühl, das ich zuvor nur bei meiner Hundemama hatte. Es war das Gefühl der Geborgenheit und Zuneigung, die man mir schenkte, und das Verständnis für mein Wesen sowie die Gewissheit, dass ich geliebt werde. Ja, ich wurde von Anfang an geliebt, so wie ich eben bin.

Liebe, Zuneigung und Geborgenheit kann man nicht kaufen. Es sind wertvolle und kostbare Gefühle, die einem aus dem Herzen geschenkt werden.

Das Gefühl, einfach geliebt zu werden, wie man eben ist, ist etwas Besonderes. Es war auch ganz egal, welchen Blödsinn ich gemacht habe - ich wusste immer, dass ich von Sabina und Frank geliebt werde. Auch, wenn sie manchmal für einen kurzen Moment sauer auf mich waren, wenn ich allzu sehr über die Stränge schlug. Meine Menschen sind immer für mich da, sie stehen mir bei und lieben mich.

Wenn ich mich komisch gefühlt habe und das dringende Bedürfnis nach Nähe hatte, konnte ich mich einfach an Sabina oder Frank kuscheln oder anlehnen. Das war mir sehr wichtig. In solchen Momenten spürte ich ihre Zuneigung und fühlte mich geborgen, beschützt, geliebt und sehr wohl. Das fühlte sich sehr gut an und tat mir unheimlich gut.

Das Gefühl der Geborgenheit, Nähe und Zuwendung war sehr wichtig für mich. Bei Benji war es anders. Benji liebte es zwar auch, gekuschelt und geknuddelt zu werden, aber er war eher zurückhaltend. Wenn es mir in den Sinn kam, oder ich das Gefühl hatte, ich fühle mich komisch oder unwohl, ich also so eine Art „Gefühlschaos" in mir spürte und ein wenig durcheinander war, dann ging ich gleich zu meinem Frauchen Sabina oder zu El Chefe. Ich kuschelte mich dann mit meinem Köpfchen an meine Menschen oder legte meine Pfote auf ihre Hände. Ich brauchte dann ganz dringend ihre Nähe und Zuneigung und mochte gestreichelt werden. Das tat mir gut! Dann verschwanden die komischen Gefühle in meinem Herzen und die Gedanken in meinem Kopf meistens sofort.

Das war vom allerersten Tag an so. Sobald ich in den Arm genommen wurde, fühlte ich mich wohl und geborgen. Es fühlte sich dann so an, als würde mein Herz vor Freude anfangen zu tanzen. Und als ob es von innen her strahlen und hell leuchten würde. Das ist ein wundervolles Gefühl.

Sabina sagte einmal, ich wäre mit meinen Bedürfnissen schon etwas fordernd. Und da sie ja auch Tierpsychologie für Hunde gelernt hat und auch für Hundemagazine über Hundeverhalten schreibt, sagt sie manchmal etwas ironisch, mein Verhalten wäre eine „subtile Dominanz". (Das bedeutet, dass ein Hund nicht die Zähne fletscht und knurrt, um sich durchzusetzen oder seinen Willen zu bekommen, sondern mit intelligentem, zartem und feinem Verhalten. Eben das „Einschleimen", um dann doch noch seinen Willen zu bekommen.

Sie sagte dann manchmal, wenn es so weiter gehen würde, müsse ein bekannter Hundetrainer aus dem Fernsehen kommen und mir diese Flausen austreiben. Dann lachte sie immer so herzlich und zwinkerte mir zu, weil sie es doch nicht ganz ernst meinte.

Sie schreibt unter anderem für Hundemagazine gerne zu dem Thema „Hunde und Gefühle" und darüber, dass Hunde sehr gefühlvoll sind und eine sensible Seele haben und wie wichtig es ist, mit ihnen liebevoll und verständnisvoll umzugehen. Sie weiß, wie wichtig Verständnis, Einfühlungsvermögen, Liebe und Geborgenheit für eine gute Entwicklung sind, nicht nur bei Hunden, sondern auch bei Kindern.

Egal, was all die anderen Hundeprofis so von sich geben, sie hatte schon immer eine ganz eigene, ganz besondere Einstellung zum Umgang mit Hunden. Benji und ich waren übrigens nicht einfach„nur" ihre Hunde sondern richtige Familienmitglieder. Das heißt aber nicht, dass wir alles machen durften. Sie setzte klare Grenzen und stellte Benimmregeln auf, an die wir uns halten mussten, sonst drohte Ärger. Aber trotzdem war ihre Erziehung und das Miteinander etwas Besonderes. Vielleicht weil sie versuchte, immer Verständnis für unsere Bedürfnisse aufzubringen. Sie gab sich immer viel Mühe, aber an manchen Tagen hatte sie eben nicht so viel Geduld. Das war auch nicht schlimm, denn Sabina ist ja schließlich auch kein perfekter Mensch.

Ihr Motto lautet: Jeder soll sich geborgen, beschützt und geliebt fühlen. Das ist eine wichtige Basis, damit sich alle Potentiale (die inneren Begabungen und Stärken) entfalten können.

Wann fühlst du dich ganz besonders pudelwohl? Was brauchst du, um dich wohlzufühlen?

Male ein Bild zu dem Thema
„Wohlfühlen und Geborgenheit"!
Wann fühlst du dich wohl und geborgen?

Geborgenheit

So bin ich nun mal

Wie ich schon zuvor erzählt habe, bin ich ein Hund der Rasse „Podenco Ibicenco". Podencos sind übrigens keine leicht zu erziehenden Hunde, weil diese Rasse seit hunderten von Jahren überwiegend auf ihre Selbstständigkeit gezüchtet worden ist. Andere Hunderassen brauchen meistens Kommandos und Anweisungen von den Menschen, damit sie wissen, was sie tun sollen. Podencos nicht! Wir tragen es in unseren Genen, eigene Entscheidungen zu treffen, dazu brauchen wir keine Menschen, die uns Anweisungen geben. Wir wissen immer genau, was zu tun ist. Und dabei fallen uns oftmals ganz geniale Lösungen ein. Podencos sind sehr clever, kreativ und schlau.

Wir sind besondere Jagdhunde, da wir bei der Jagd keine Tiere töten. Wir fangen beispielsweise die Kaninchen mit unserem Maul und bringen diese lebend zu unserem Podenquero (so heißen in Spanien die Jäger). Zudem sind wir „Teamplayer". Wir lieben das Miteinander und kennen kein Konkurrenzdenken. Das ist nicht immer selbstverständlich bei Hunden – und auch nicht bei Menschen! Podencos lieben es, schnell – wirklich pfeilschnell – durch das Gebüsch zu laufen und über Gräben zu springen. Unser Freiheitsdrang ist ziemlich groß und das genießen wir auch sehr. Anders als andere Hunderassen. Deshalb sind wir auch nicht so leicht zu erziehen wie zum Beispiel ein Golden Retriever (auch eine Hunderasse, die du vielleicht kennst). Podencos stellen oftmals Dinge oder Kommandos in Frage, weil wir aufgrund unseres Charakters und unserer Fähigkeiten selbstständig Probleme lösen und einige Dinge für unsinnig halten. Welchen Sinn soll es machen, beispielsweise einen Stock, der geworfen wird, zehnmal zurückzubringen? So etwas finde ich übrigens total langweilig, unsinnig und blöd. Es gibt doch interessantere Dinge im Leben.

Podencos wollen lieber rennen und sich frei fühlen, als brav und total gelangweilt neben Herrchen oder Frauchen „bei Fuß" daher zu trotten. Manchmal wirken wir auch so, als würden wir keinerlei Grenzen kennen. Wir können sehr schnell rennen und uns rasch weit fortbewegen, sodass wir nur noch als kleiner Punkt zu sehen sind. In solchen Momenten sind wir glücklich und haben dann das Gefühl, als würde uns die ganze Welt zu Füßen liegen. Einen bestimmten Radius einzuhalten, wie andere Hunde es meistens schon von sich aus machen, fällt uns sehr schwer

All die besonderen Eigenschaften der Rasse Podenco Ibicenco lassen die Erziehung und das Leben hier in Deutschland manchmal schwierig erscheinen. In Spanien dürfen wir über die Felder, durch die Macchia (= spanische Bezeichnung für Dickicht, Büsche und Sträucher) und durch die Täler rennen, aber hier in Deutschland geht das nicht. Es gibt sehr viel mehr Straßen und Autos, deshalb kann es gefährlich werden, einfach loszurennen.

Ich kann mich nur zu gut an ganz besondere Momente erinnern, in denen mein Podenco-Charakter und meine Freiheitsliebe mit mir durchgegangen sind. Voller Lebensfreude bin ich einfach losgetobt. Ich dachte manchmal, dass Sabina beinah vor Wut platzen würde, weil ich mich nicht an die Grenzen gehalten habe. Ist sie aber nicht, sondern sie hat immer verständnisvoll reagiert und war sehr einfühlsam, liebevoll, aber auch sehr konsequent. Klar, sie hat mich auch manchmal angemeckert, aber dafür gab es dann auch gute Gründe (wenn ich mich zum Beispiel selbst in Gefahr gebracht habe)! Und so richtig sauer war sie nie lange. Weitere Beispiele zu diesem Thema erzähle ich euch später.

Als ich damals in mein neues Zuhause eingezogen bin, besuchte ich einmal in der Woche eine Welpenspielgruppe. Sabina sagte damals, es sei wichtig, dass ich Kontakt zu gleichaltrigen Hunden hätte und wir so gemeinsam etwas lernen sollten. Ich fand diese Welpengruppe vom ersten Moment an richtig blöd! Da waren ein paar junge Jackys, also Jack Russel-Terrier-Welpen, die immer nur kämpfen wollten. Die waren wirklich sehr wild und auch sehr laut. Ihr schrilles Gekläffe mochte ich überhaupt nicht. Dann waren da noch ein paar Labrador Retriever. Eigentlich wunderschöne Hunde, aber die waren immer so rüpelig, sind auf mich zugelaufen und haben mich einfach angerempelt. Das war mir zu grob. Die kleinen Mopswelpen haben fürchterlich geschnauft und wollten nicht mit mir rennen. Ich glaube, die trauten sich auch gar nicht zu rennen, weil sie nicht so schnell wie die Jackys waren. Und die Terrier haben sich außerdem auch ständig über die kleinen Mopshunde lustig gemacht, weil sie so eine flache Nase und ein kurzes Ringelschwänzchen hatten. Das fand ich so gemein. Ich mochte es nicht, wenn man sich über andere lustig macht. Das ist unfair und eben hundsgemein! Aber die meisten anderen Welpen in der Gruppe waren so. Sie haben andere geärgert, ausgelacht und sich über Missgeschicke ganz schlimm lustig gemacht. Mir taten die anderen Hunde, die geärgert oder ausgelacht worden sind, immer total leid. Es war ihnen natürlich auch selber sehr peinlich. Wer mag schon gerne von anderen ausgelacht werden?! Ich konnte spüren, wie sie sich schämten, wenn sie durch die Hunderüpel bloßgestellt und ausgelacht wurden. Sie haben sich unwohl gefühlt – und das fühlte sich auch für mich nicht gut an. Das war richtig großer Stress für mich! Ich konnte es einfach nicht verstehen, wie andere so unsensibel sein konnten und wenig Mitgefühl für andere Wesen zeigten. Solche Ungerechtigkeit machte mich manchmal sehr traurig.

In dieser Welpenspielgruppe war es auch so, dass eigentlich niemand mit mir rennen wollte, weil ich den anderen Hunden viel zu schnell war. Ich war nämlich der allerschnellste Hund. Ich fand in dieser Gruppe keine Freunde, weil mich irgendwie niemand so recht mochte. So war jedenfalls mein Gefühl. Ich war scheinbar anders als die anderen Welpen. Außerdem hatte ich auch den Eindruck, sie würden mich gar nicht verstehen. Oder sie fanden mich komisch und ich sie ebenfalls. Manchmal habe ich mich fremd und wie auf einem falschen Planeten gefühlt.

Ich war in dieser Welpenspielgruppe auch meistens sehr gelangweilt. Eigentlich stand ich oft nur alleine herum. Auf dem Hundeplatz gab es extra für die Hunde verschiedene Trainingsgeräte. Als wir dann auf die Kletterspielgeräte gehen sollten, war mir noch langweiliger. Es war doch kinderleicht, über eine Wippe zu laufen oder auf einem Wackelbrett zu stehen. Was sollte denn daran besonders sein? Aber die anderen Hunde konnten es nicht, für sie war das richtig schwer. Sie sind zum Beispiel von der Wippe gefallen, weil sie die Balance nicht halten konnten, oder hatten große Angst auf dem Wackelbrett zu stehen, weil sie sich fürchteten, umzufallen. Was für die anderen Hunde neu und eine große Herausforderung war, war für mich immer kinderleicht.

Wenn etwas ganz leicht und einfach ist, sagt Sabina übrigens immer „easy-peacy". Sie meinte auch oft, ich sei ein „Naturtalent", weil ich ziemlich clever und sehr begabt bin. Ich habe mir die Aufgaben in der Hundeschule einmal angeschaut und dann beherrschte ich die Übung sofort. Immer total perfekt. Und dann war mir langweilig.

Sabina und Frank tat es immer sehr leid, wenn ich da so alleine herumstand, und dann begannen sie mit mir zu spielen. Da ich die Wippe und das Wackelbrett langweilig fand, durfte ich sogar schon auf einem hohen Balken balancieren, was eigentlich nur die älteren Junghunde erlernen sollten. Ich wollte schon immer viele neue Erfahrungen machen, doch für die meisten anderen Hundewelpen waren alle neuen Übungen scheinbar eine große Herausforderung.

Während die meisten Welpen fast immer nur etwas für eine Futterbelohnung gemacht haben, habe ich viele Dinge ausprobiert, weil es mir Spaß gemacht hat. Ich wollte ständig neue Dinge lernen, auch ohne Futter! Lernen hat mir immer eine große Freude bereitet. Durch mein „anderes" Verhalten fiel ich natürlich schon in der Welpenspielgruppe auf, und nicht alle Zwei- und Vierbeiner mochten mich. Die anderen Welpenbesitzer verglichen mich mit ihren Hunden und sprachen deshalb manchmal über mich. Sabina sagte, wenn die anderen Menschen komische Bemerkungen über mich machten: „**Ja, mein Amigo ist eben anders als andere Amigos. Aber eben besonders anders! Darum liebe ich ihn so sehr**" und dann lächelte sie. Sie hat mich niemals mit den anderen Hunden verglichen und wollte auch nie, dass ich mich genauso wie die anderen Welpen benehmen sollte, sondern hat mich immer so akzeptiert, wie ich bin. Sie schenkte mir immer ihr allergrößtes Verständnis – wahrscheinlich, weil sie mich so gut verstanden hat.

Sie übte mit mir Zuhause sehr liebevoll und konsequent das Gehorsamstraining aller Grundkommandos. Wie zum Beispiel, auf Kommando „Sitz" oder „Platz" zu machen, oder sich hinzulegen und zu warten. Oder auch bei Fuß zu gehen, also direkt neben dem Herrchen oder Frauchen zu laufen. Ich habe alles sehr schnell gelernt. Darum konnte ich in kürzester Zeit noch sehr viel mehr lernen und beherrsche Kommandos, die Sabina mir nur mit ihren Händen, also per Sichtzeichen, signalisierte. Sie nannte mich oftmals ein „supercleveres Kerlchen". Das Training mit ihr war toll, es war immer spannend und nie langweilig. Sie hat mich individuell gefordert und gefördert.

Wenn ich meine Lektion gut gemeistert hatte, dann habe ich hin und wieder meine drolligen fünf Minuten bekommen und bin einfach so schnell wie ein Felltorpedo über die Wiesen geflitzt – obwohl ich ja vorher gelernt hatte, dass es eigentlich nicht erlaubt war. Das wusste ich auch, aber auf einmal fingen meine Pfoten an zu kribbeln und ich musste dann einfach losrennen. Hier fuhren ja zum Glück keine Autos, um uns herum waren nur Wiesen. Ich habe es geliebt zu rennen, zu rennen und zu rennen. Dann habe ich mich frei und supergut gefühlt. Irgendwann – es hat ja nie lange gedauert – bin ich überglücklich und mit strahlenden Augen wieder zu Sabina zurück gelaufen. Ich war dann immer so unbeschreiblich glücklich. Manchmal schaute sie mich ziemlich zerknirscht und verärgert an. Sie hat mich dann kommentarlos angeleint und ist mit mir einfach weiter gegangen. Klar, hat sie mal gemeckert, aber sie hat mich nie wütend angeschrien oder gar geschlagen.

Meinem Frauchen war eine gute Basiserziehung für ihre Hunde wichtig. Sie wollte, dass ich gut auf sie höre. Und ich wollte eben einfach mal rennen, so wie die Podencos auch in Spanien rennen dürfen. Sie fand es sicherlich nicht so toll, aber sie hatte tief in ihrem Herzen Verständnis für meine ureigenen Bedürfnisse. Sie sagte oft im Gespräch mit anderen Hundehaltern, dass ich sie oftmals auf eine harte Geduldsprobe stellen würde, aber schließlich war sie gut informiert und wusste, welche Eigenschaften ein Podenco in sich trägt. Mein Frauchen Sabina hat sich viele Jahre mit den besonderen Eigenschaften und dem einzigartigen Charakter der Podencos auseinandergesetzt und wusste, worauf sie sich einlässt, als sie sich für mich entschieden hat. Ihr war von Anfang an klar, dass ich nicht wie ein Schäferhund ständig an ihrer Seite kleben würde. Sie hat sich bewusst für einen freiheitsliebenden Hund, also einen Podenco Ibicenco, entschieden, der Menschen glücklich machen kann, obwohl er manchmal sehr eigensinnig ist. Und wenn ich dann einfach mal so losgelaufen bin, habe ich ganz tolle Entdeckungen gemacht. Manchmal lag da irgendetwas herum, was für mich besonders gut geduftet hat. Dann habe ich mich in diesen wunderbar duftenden Dingen (Pferdeäpfel, alte Fische im Elbsand, Hundehaufen oder Mist auf dem Feld) gewalzt. Das war klasse, die meisten Hunde lieben das. Nur Sabina und Frank nicht. Und wenn ich ehrlich bin, Benji fand es auch immer super ekelig.

Die Menschen haben scheinbar eine andere Meinung darüber, was gut duftet und was nicht. Sabina und Frank schimpften dann doch mal mit mir und sagten, ich sei ein stinkender Köter. Ja, so ist es mit den unterschiedlichen Ansichten.

Was Hunde lieben, lieben die Menschen eben nicht immer. Zuhause musste ich dann sofort in die Dusche und wurde wieder sauber geschrubbt. Das war richtig, richtig schrecklich. In der Dusche war es für meine Hundeohren sehr unangenehm, so laut. Dort war auch ein ganz komischer Hall. Das spritzende Wasser machte ganz komische laute Geräusche und all die vielen Wassertropfen fühlten sich auf meinem Fell und meiner Haut an wie kleine Steinchen. Ich war froh, wenn es vorbei war.

Ein Podenco ist eben ein Podenco.

Hast du auch schon mal Blödsinn gemacht und deine Eltern haben Verständnis gezeigt?

Wenn du magst, schreib es auf, male ein Bild oder sprich mit deinen Eltern über die Situationen.

Verständnis und Annahme

Leben ist nicht immer leicht, aber leicht lebt es sich.

Mein Frauchen sagt immer, ich hätte ein sonniges Gemüt und sei ein ganz offener, fröhlicher und optimistischer Hund. Ja, das bin ich auch. So war ich schon als Welpe.

Ich liebe das Leben und all die täglichen Abenteuer, die das Leben mir schenkt. Ich bin ein richtiger Entdecker und achte jeden Tag auf all die vielen kleinen Wunder. Am allerliebsten bin ich in der Natur unterwegs. Im Wald gibt es so viel zu erschnüffeln. Aber dort darf ich nie ohne Leine laufen. Sabina findet es viel zu gefährlich, falls mal ein Hase oder ein Reh auftaucht. Da ich ein Jagdhund bin, muss ich einfach hinterherlaufen – ich kann nicht anders, das ist so in meinen Genen verankert. Es ist irgendwie nur der Reiz des Hinterherlaufens, es macht mir einfach Spaß.

Auf Wiesen oder Feldwegen darf ich aber meistens ohne Leine laufen. Endlich! Dann kann ich mal so richtig lossprinten und zeigen, wie schnell ich laufen kann. Wenn ich dann so renne und auch über Hindernisse springe, fühlt es sich an, als würde mein Herz vor Freude tanzen und strahlen. Ich fühle mich nach solchen Tobereien sehr glücklich. Dann spüre ich, dass Glücklichsein doch so einfach sein kann.

Warum sagen die Menschen eigentlich immer, dass sie das Glück suchen? Man muss doch kein Glück suchen, man muss einfach nur glücklich sein! Das funktioniert am besten, wenn man Dinge tut, die einem Freude bereiten. Oder man sollte lernen, achtsam und aufmerksam zu sein. Wer achtsam ist und genau hinschaut, entdeckt so viele klitzekleine Dinge im Alltag, die wie kleine Wunder sind. Das ist Glück pur! Ich bin meistens sehr glücklich, aber es gibt auch Tage in meinem Hundeleben, da fühlt es sich so an, als würde alles danebengehen. Kennst du auch solche Tage, an denen einiges nicht so gut läuft und du dich nicht so glücklich fühlst?

Ich nenne sie: Die CHAOS-alles-geht-schief-TAGE

Ich habe manchmal Sabina belauscht, wenn sie mit Kindern zusammen war (Sie ist nämlich auch Kindercoach). Sie erklärte den Kindern, dass es im Leben immer wieder mal Probleme gibt. Aber das ist nicht schlimm, sagte sie, das sei total normal. Sie meint, Probleme sind zum Lernen da. Es sind Herausforderungen oder Schwierigkeiten im Leben, für die man eine Lösung finden soll.

Wie eine kleine Hürde, die man überwinden muss. Und wenn man es nicht allein schafft, dann darf man die Familie oder Freunde um Hilfe bitten. Oder mit den Eltern einen Kindercoach suchen, um die Lernaufgabe zu meistern.

Sabinas Tipp: So manche Situation scheint wie ein unlösbares Problem, beinah wie ein riesengroßer Berg zu sein. Dabei sind diese Situationen nur Aufgaben oder Herausforderungen im Leben, die man versuchen sollte zu lösen. Ungefähr so, als würde man diesen riesengroßen Berg besteigen. „Geht nicht, gibt es nicht", so sag ich es jedenfalls den Kindern in meinen Kinderyogakursen und in meinem Kindercoaching. Wichtig ist, sich zu bemühen, eine Lösung zu finden und das Problem aufzulösen. Wer den Gipfel des Berges dann erreicht und für das Problem oder die Herausforderung eine Lösung gefunden hat, darf ganz stolz auf sich sein. Es wurde eine Lektion im Leben gemeistert und man durfte daran einiges lernen.

Nur eins sollte man nie: daran verzweifeln oder aufgeben. Das klingt zwar einfach, aber es ist nicht immer einfach, und manchmal scheinen Probleme unüberwindbar zu sein. Das weiß ich aus meinem Hundeleben.

Wenn ich mal nicht weiter weiß oder ich mich ganz doll geärgert habe oder ich mir etwas zu viele Gedanken mache und herumgrüble, was andere zu mir oder über mich gesagt haben, dann möchte ich diese blöden Gefühle möglichst schnell wieder loswerden. Da das aber nicht immer so leicht ist, habe ich mir etwas ausgedacht, wovon ich euch erzählen möchte:

Amigos Anti-Ärger & Wohlfühl-Tipps

Wenn ich mal nicht weiter weiß, mich geärgert habe, mich gestresst fühle oder es mir mal alles zu blöd wird, dann habe ich drei Möglichkeiten entdeckt, durch die ich mich wieder gut fühle: Variante A, B und C.

Variante A: „Power-Balance"

1. *Ich renne und tobe im Garten so richtig wild herum und*
2. *schüttele mich anschließend ganz kräftig.*

Wenn ich mich auspowere, habe ich manchmal schon andere Gedanken oder bin hundemüde. Und es geht mir wieder gut. Das funktioniert auch, wenn meine Menschen mit mir einen langen Spaziergang machen. Oder:

Variante B: „Relax"

1. *Ich leg mich hin und relaxe.*
2. *Dabei drehe ich mich einfach auf den Rücken und schaue in den Himmel.*

Dann sieht es so aus, als würde die Welt auf dem Kopf stehen. Die Welt sieht auf diese Weise ganz anders aus, und ich fühle mich auf einmal auch anders. Die Erwachsenen nennen es übrigens „Perspektivenwechsel". Das bedeutet, alles einmal aus einer anderen Sichtweise zu betrachten. Manchmal lösen sich unangenehme Gedanken wie von allein auf. Da wir Hunde oft in solchen Positionen im Gras liegen, beherrschen wir den Perspektivenwechsel richtig gut. Tja, die Menschen können noch viel von uns Hunden lernen, nämlich all unsere „Hundeweisheiten". Wenn ich mich so kopfüber im Rasen kugele, habe ich meistens auch schon vergessen, worüber ich mich geärgert habe.

Perspektivenwechsel

Ich habe auch, ehrlich gesagt, gar keine Lust, meine Lebenszeit mit Ärger zu verschwenden. Ich will mich lieber freuen, glücklich und zufrieden sein. Natürlich könnte ich mich täglich über viele Dinge stundenlang ärgern. Aber was bringt das?! In der Zeit, in der ich mich ärgere, habe ich logischerweise keine Zeit für tolle, lustige Dinge.

Manchmal sagen die Menschen auch so komische Dinge zu mir, wie zum Beispiel, ich sei klapperdürr und man würde mich vermutlich nicht richtig füttern. Oder ich hätte eine rosa Schweinchennase. Sabina wurde sogar schon einmal gefragt, ob sie eine Ziege im Auto hätte. Das sind keine schönen Dinge und ich mag das nicht, wenn man so über mich redet.

Einige Menschen reden scheinbar manchmal einfach so irgendwelchen Blödsinn. Aber ich nehme es mir immer sehr zu Herzen, wenn andere Hunde oder Menschen etwas Blödes zu mir oder über mich sagen. Ich werde dann traurig oder manchmal richtig wütend. In meinem Bauch spüre ich eine große Wut und Unruhe, aber ich traue mich dann auch nicht, in solchen Momenten loszubrüllen oder etwas zu sagen. Und dann ärgere ich mich noch viel mehr.

Natürlich liegt es an mir, denn ich habe ja die Möglichkeit, bzw. die Wahl und die Freiheit zu entscheiden, ob ich mich darüber lange ärgern möchte oder nicht. Ich will mich eigentlich nie ärgern, aber manchmal tue ich es dann doch. Sich zu ärgern ist auch nichts Schlimmes. Aber Ärger und Wut sollten nicht einfach so „herunter geschluckt" werden, weil diese Gefühle dann noch weiter im Körper brodeln. Das ist nämlich nicht gut für die Gesundheit.

Wichtig ist, dass die „Ärger-Energie" für einen kurzen Moment bewusst wahrgenommen und dann aus dem Körper befördert wird! Wenn man sich ärgert, müssen diese Gefühle unbedingt so schnell wie möglich aus dem Herzen, der Seele und dem Körper wieder herausgelassen werden.

Das mache ich mit meinem „Power- Balance" + „Relax"-Tipp (A und/oder B). Ich wende eine der beiden Varianten an und denke dann:

Sollen die Menschen doch reden, was sie wollen!

Klappt es aber nicht, mit Variante A und/oder B, den Ärger oder die Wut verpuffen zu lassen, dann habe ich noch einen Spezialtipp: Die Variante C.

Variante C: „Meckerzwerg"

Ich verwandele mich in einen „Meckerzwerghund" und meckere so all meine ganzen komischen Gefühle raus. Ich belle einfach ganz laut, oder knurre und grummele vor mich hin. Dabei ziehe ich noch die urkomischsten Grimassen.

So wird man Ärger, Wut und all die unguten Gefühle richtig schnell los. Und dann renne ich noch ein paar Runden im Garten (wie bei **Variante A**). Das wirkt richtig befreiend.

Ich fühle mich dann frei von Sorgen und Ärger.

Also bei Ärger und anderen schlechten Gefühlen

1. *Sich alles von der Seele meckern* (**Variante C**)
2. *Durch Laufen oder Rennen auflösen, sich ganz kräftig schütteln (***Variante A***)*
3. *Dann wieder relaxen und entspannen* (**Variante B**)

C-A-B – und alles ist wieder ok!

Übe dich in den drei Varianten, dann geht es dir wieder gut. Ich versuche immer, mich selten oder nie lange zu ärgern. Wer sich ärgert, bekommt schnell einen griesgrämigen Blick.

Ich will lieber fröhlich und gelassen sein und voller Lebensfreude strahlen – jedenfalls bemühe ich mich! Denn das fühlt sich in meinem Herzen viel besser an.

Worüber ärgerst du dich in deinem Leben?
Was findest du richtig doof?
Schreib es bitte auf!

Noch ein Amigo Extra-Tipp

Wenn du dich mal wieder so richtig geärgert hast, dann schreib alles auf einen Zettel (oder bitte deine Eltern es aufzuschreiben) und male noch deine komischen Gefühle dazu. Dann zerknüll den Zettel und wirf ihn in die Mülltonne! So kannst du unnötigen Ärger einfach im Müll entsorgen und aus deinen Gedanken „wegschmeißen".

Um deinem Körper Gutes zu tun und Müll aus deinem Körper und deinen Gefühlen zu entsorgen, denke an die Varianten:

„C-A-B- und alles ist wieder ok!"

Wenn du es dir genau überlegst, was dir gerade nicht gefällt: Macht es wirklich Sinn, sich darüber zu ärgern? Wie fühlst du dich, wenn du dich ärgerst?

Amigos geniale Idee

Denke daran: Du hast die Wahl zu entscheiden, worüber und wie oft du dich ärgern möchtest. Ärger ist wie eine dunkle Gewitterwolke, die sich vor die Sonne schiebt. Stell dir vor, wie sich „Ärgergewitterwolken" ganz schnell wieder verziehen, sodass die Sonne wieder strahlen kann.

Wenn du Ärger und Wut loslassen kannst, dann kannst du auch wieder strahlen, wie die Sonne. Das ist doch Glück pur!

Wenn es mal schwierig wird

Ich habe euch ja schon von meiner Welpenspielgruppe erzählt. Das war eigentlich noch ziemlich lustig, weil wir miteinander spielen konnten und manchmal auch ein wenig Spaß hatten. Viel schwieriger und blöder war es dann in der richtigen Hundeschule. Ich sollte dort eine Art Ausbildung machen, weil ich eine Prüfung ablegen musste. Das war für mich gar nicht so wichtig, für Sabina aber schon. Sie konnte damit nachweisen, dass wir ein gut ausgebildetes Mensch-Hund-Team sind. Vor einigen Jahren war das sehr wichtig, weil es ein neues Gesetz gab und man in einigen Städten einen Hundeführerschein (so hieß die Ausbildung) brauchte, damit der Hund im Park ohne Leine frei laufen durfte.

Ich habe schon von der ersten Sekunde an geahnt, dass es nicht lustig sein würde. Ich war damals neun Monate alt und in dem Zeitraum zwischen meiner Welpen- und Junghundezeit hat mir mein Frauchen beigebracht, was für mich wichtig war. Wir haben täglich trainiert, geübt und alles einige Male wiederholt, bis ich es gut konnte. Manchmal reichte mir „gut" auch nicht, weil ich immer alles super richtig und perfekt machen wollte.

Es gab Momente, da war ich mir nicht sicher, ob es wirklich schon perfekt war, und dann habe ich lieber nichts gemacht oder so getan, als ob ich es noch nicht konnte. Ich war dann sehr verunsichert und habe mich zurückgezogen, mir fehlte es dann an Selbstvertrauen. Aber das Allermeiste konnte ich gut und sicher.

Ich war also schon ein richtig gut erzogener Hund und kannte viele Kommandos. Meine Menscheneltern sind beinahe jedes Wochenende mit mir zu einem Hundeauslauf oder an den Hundestrand an die Elbe gefahren. Das war immer klasse. Dort konnte ich viele Hundefreunde treffen und mit ihnen und natürlich auch mit Benji toben. Es war immer der absolute Wahnsinnsspaß.

Aber leider gab es ja nicht nur spielen und toben, sondern auch die Hundeschule. Und diese Hundeschule fand ich wirklich komisch. Neue Situationen finde ich sowieso manchmal richtig bedrohlich und ich bekomme Angst. Ich hatte damals schon so ein mulmiges und ängstliches Gefühl im Bauch, als ich von Sabina auf das eingezäunte Grundstück geführt wurde. Es roch schon überall nach Hundepipi, das mochte ich überhaupt nicht. Ekelhaft!

Die Menschen riechen das nicht, aber wir Hunde können sehr gut riechen. Einigen Hunden machte es scheinbar gar nichts aus, aber ich bekam davon sofort Kopfweh. Und ich wollte dort auch gar nicht hin, weil ich mich oft anders als alle anderen Hunde gefühlt habe. Ich war auch nicht gerne mit fremden Hunden zusammen, weil ich mich dann meistens unsicher fühlte und so, als ob irgendetwas nicht mit mir stimmen würde. Am liebsten hätte ich mich in solchen Momenten versteckt oder wäre unsichtbar geworden. Ich wurde dann ganz schüchtern und unsicher, obwohl ich es eigentlich gar nicht war.

Sabina merkte, dass ich in solchen Situationen schnell traurig wurde, weil ich mir alles sehr zu Herzen nahm. Besonders, wenn andere Hunde unfair zu mir waren. Das hat mich oft verletzt und dann hat es sich angefühlt, als ob mir jemand im Herzen sehr weh tut.

Natürlich hat niemand meinem Herzen einen Schaden zugefügt, aber es fühlte sich so an. Eigentlich bin ich ja ein sehr offener Hund, der sich über viele Dinge freuen kann. Wenn es mir gut geht, fühlt sich mein Herz strahlend und ganz weit an. Aber wenn andere etwas Blödes zu mir sagen oder unfair sind, dann fühlt sich mein Herz so an, als wäre es hinter einer Eisentür verschlossen. Ich bin dann nicht mehr so offen und freundlich, sondern eben verschlossen, um mich und meine Gefühle zu schützen.

Aber das wussten ja die Anderen nicht. Die haben dann immer gesagt, dass ich voll cool sein würde und mich als arrogant und überheblich bezeichnet, weil ich mich als etwas Besseres fühlen würde. Aber das stimmte ja nicht.

Ich kann mich noch gut an die allererste Stunde in der Hundeschule erinnern. Alle Zweibeiner mussten sich in einer Reihe aufstellen und wir Hunde uns direkt neben unseren Menschen hinsetzen. Während die anderen jungen Hunde brav saßen und vor sich hindösten, war mir langweilig und ich schaute mich um, wo und wie man wohl am besten dort rennen und toben konnte. Dann erzählte die Hundetrainerin etwas, sie sabbelte und sabbelte. Ich konnte schon gar nicht mehr zuhören, so viele Worte waren das. Langweilig. Ich fand es auch total blöd, dass links und rechts neben mir so viele Menschen und Hunde saßen. Es war mir alles viel zu eng und viel zu nah. Ich fühlte mich unwohl und merkte, dass ich zappelig wurde.

Still auf einer Stelle sitzen, wollte und konnte ich auch nicht mehr. Und schon gar nicht, wenn mich all die anderen so komisch anguckten. Ich konnte es beinahe gar nicht mehr aushalten und fing an zu fiepen und zu quietschen. Ich konnte gar nicht anders! Ich war überwältigt von all den Gefühlen und Eindrücken. Es waren so viele Reize, die auf mich einströmten, dass ich es kaum aushalten konnte und immer genervter und quengeliger wurde. Dann schauten mich alle Zwei- und Vierbeiner noch komischer und auch ein wenig strafend an. Das war furchtbar! Diese komischen und merkwürdigen Blicke machten mir sogar richtig Angst! Es war schrecklich, von allen so angeschaut zu werden. Ich mochte es nicht, wenn alle mich anguckten und ich quasi wie im Rampenlicht stand.

Einige andere Hundebesitzer tuschelten und sagten leise „Der Hund kann sich überhaupt nicht benehmen. Er muss lernen, sich zusammenzureißen…". Sabina bemühte sich, das einfach zu überhören und kümmerte sich nicht weiter um die Kommentare. Aber ich habe mich unwohl gefühlt, wenn die anderen so über mich urteilten, obwohl sie mich nicht richtig kannten.

Die Fülle der vielen Eindrücke verwirrte mich: Komische Gerüche, merkwürdige Blicke, zu viele Hunde, zu viele Menschen und zu viel Langeweile. Sabina sagte dann immer, es seien zu viele Reize, die auf mein Hundegehirn einströmten. Sie nannte es: Totale Reizüberflutung. Obwohl ich gut gelaunt und fröhlich losgefahren war, wurde ich plötzlich mürrisch, unausstehlich, wütend oder traurig. Manchmal liefen mir auch einfach die Tränen übers Gesicht und ich musste weinen. Ich fühlte mich dann wie unter einer Nebelglocke und wollte am liebsten nur noch meine Ruhe haben und mit Sabina weggehen. Mir war einfach alles viel zu viel. Ich konnte kaum noch atmen und hechelte ganz doll. In solchen Momenten konnte ich mich auf nichts mehr konzentrieren und wollte nur noch nach Hause in den Garten oder in mein Hundekörbchen, um mir die Decke über die Ohren zu ziehen.

Fast alle Hundebesitzer berichteten in dieser Hundeschule voller Stolz, wie gut ihre Hunde ausgebildet waren und wie viele verschiedene Kurse sie schon besucht hätten. Einige der Hunde hatten sogar Urkunden für ihre tolle

Leistung in den Kursen bekommen. Diese Vierbeiner waren scheinbar gut erzogene Musterhunde, die mich dann ein wenig mitleidig und scheinbar abwertend anschauten. Sabina berichtete zwar ebenso stolz, dass sie mich nach der Welpengruppe alleine trainiert und ausgebildet hätte. Und wie gut ich mit anderen Hunden sozialisiert sei, also wie friedvoll ich mit meinen Artgenossen war, aber das interessierte scheinbar niemanden.

Komische Blicke, komische Menschen mit ihren Hunden. Ich wurde immer unruhiger und zappeliger. Sabina legte mir dann einfach ihre Hand auf meinen Hals und streichelte mich. So konnte ich wieder einigermaßen tief durchatmen und fühlte mich ein wenig besser. Ich lehnte mich an Sabinas Beine an und fühlte mich dadurch ein wenig sicherer. Ich wusste, dass sie spürte, dass ich mich unwohl fühlte und Sicherheit durch ihre Nähe und Zuwendung brauchte. Was die anderen über mich sagten oder dachten, hat Sabina nie wirklich interessiert, denn ich war ja ihr ganz besonderer Hund.

Neben dem vielen Gerede in der Hundeschule wurde natürlich auch trainiert, und wir sind dann auf dem Platz herumgegangen, sodass ich mich endlich wieder bewegen konnte. Wir Hunde mussten auf Kommando „Sitz" oder „Platz" machen. Das war kinderleicht. Zum Schluss durften alle Hunde ohne Leine miteinander toben. Das war klasse! Dann hatte ich auch endlich wieder großen Spaß. Miteinander zu toben war super und der vorherige Stress und die Aufregung waren wie weggeblasen.

Zu dieser Hundeschule musste ich noch einige weitere Male hingehen, da für den Kurs zur Prüfungsvorbereitung zehn Termine angesetzt waren. Mit keinem Mal ist es besser geworden. Ganz im Gegenteil! Ich fand es immer blöder und war schon hibbelig und zappelig, bevor ich überhaupt auf dem Hundeplatz war. Ich brauchte die Hundeschule nur von weitem zu sehen und mein Atem wurde sofort hektischer, ich begann zu hecheln und konnte gar nicht mehr klar denken. So viele Blicke von Menschen und Hunden und so viele Reize. Ich fühlte mich unwohl und hilflos.

Sabina wusste, dass diese vielen Reize bei mir eine Überstimulation (wenn alles Erlebte einfach zu viel ist) auslösten und ich so in ziemlichen Stress geriet. Sie verstand mich und versuchte, es mir so angenehm wie möglich zu machen, aber der Besuch der Hundeschule musste nun einmal sein! Es war wichtig und ich konnte mich nicht drücken. Gemeinsam haben wir das Beste daraus gemacht. Zumindestens haben wir es versucht.

„Miteinander zu toben war
super und der vorherige Stress
und die Aufregung waren wie
weggeblasen!"

Einige Hundebesitzer machten auch manchmal so merkwürdige Bemerkungen, dass ich scheinbar ein anstrengender Hund sei, weil ich nicht auf „Knopfdruck" so funktionierte, wie ihre Hunde. Dies überhörte mein Frauchen einfach. Sabina war sehr kreativ und fand immer eine Lösung, wie wir gemeinsam die verschiedenen Aufgaben und Herausforderungen meistern konnten. Sie hat von mir nie etwas verlangt, womit ich mich total unwohl fühlte. Wenn zum Beispiel die Aufgabe gestellt wurde, dass alle Hunde wieder in einer Reihe sitzen mussten und die Zweibeiner den Worten der Trainerin zuhören sollten, ist sie einfach mit mir ein paar Kreise gegangen und hat dabei trotzdem zugehört. Zu der Trainerin sagte sie, dass es so entspannter für ihren Hund sei, wenn er in Bewegung wäre und so weniger Stress mit dem Stillsitzen haben würde.

Die anderen Hundebesitzer fanden das komisch und sie fanden mich komisch. Aber das war Sabina egal. Zusammen waren wir ein tolles Team. Für Sabina zählen nicht die Leistung oder das Können, sondern der Charakter. Und das gilt sowohl für Hunde als auch für Kinder!

Jedes Lebewesen ist einzigartig und hat besondere Bedürfnisse und Ansprüche. Darauf einzugehen ist sehr wichtig, denn Potentiale können sich nur wirklich entfalten, wenn man sein darf, wie man eben ist.

Sabina spürte es meistens sofort, wenn ich mich unwohl und „komisch" fühlte. Ich war dann ein wenig durcheinander und konnte mich nicht mehr so gut konzentrieren. In solchen Momenten hätten strenge Kommandos nichts gebracht. Wäre ich dann noch angeschrien worden, hätte ich sowieso nichts mehr gemacht. Für andere hätte mein Verhalten dann so ausgesehen, als wäre ich richtig bockig.

Wenn ich dann nichts mehr mitmachte oder auch manchmal wütend wurde, lag das nicht daran, dass ich nicht wollte, sondern nicht mehr konnte. Auf Menschen, die mich nicht kennen, hätte ich dann vielleicht wie ein sturer, bockiger Esel gewirkt, obwohl ich doch nur überfordert und hilflos war.

Hätte Sabina mich gezwungen, meine Aufgaben auszuführen, wäre es für mich schlimm und stressig gewesen. Durch den Stress bekomme ich immer eine „Kopfleere" und fühle mich dann ziemlich hilflos und durcheinander.

Wenn andere Hunde in der Hundeschule manchmal so richtig heftig angeschnauzt wurden und die Besitzer darauf bestanden, dass die Hunde alles perfekt machen sollten, hat es bei denen immer einigermaßen geklappt. Doch bei mir würde dann nichts mehr funktionieren. Es hätte mir neben dem Stress irgendwie auch Angst bereitet, mich überfordert, unglücklich und unsicher gemacht.

Manchmal hatte ich das Gefühl, dass Sabina wie eine Zauberin oder Hellseherin war, weil sie immer wusste, wie ich dachte oder fühlte. Sie verstand mich so gut, weil sie genauso sensibel war und ebenso sehr viel spürte und aufnahm wie ich. Sie nannte mich auch „Seismograph" oder liebevoll ihren „feinfühligen Schmetterling", weil ich mit meinen „Antennen" so viele Eindrücke und Gefühle, Gerüche und Geräusche aus der Umwelt und von all den anderen Menschen und Tieren aufnahm.

Ich konnte ihr immer alles anvertrauen und durch meine Hundesprache mitteilen, was mich zum Beispiel traurig machte. Da ich ihr vertraute und wusste, dass sie mich in meinen Gefühlen sehr ernst nahm, ist es mir immer leicht gefallen, all meine Gedanken und Gefühle auszudrücken. Einander zu vertrauen ist so wichtig und wertvoll, und durch dieses gegenseitige Vertrauen fühlte ich mich sicher und geborgen.

Auch in anderen Situationen, in denen ich mich unsicher, ängstlich oder komisch fühlte, wusste ich, dass ich von Sabina und Frank niemals ausgelacht, sondern immer sehr ernstgenommen wurde. In der Nähe meiner Menschen fühle ich mich immer wohl. Und fühlte ich mich einmal unwohl, dann ließ ich mich einfach an meinem Köpfchen streicheln. Das tat so gut und beruhigte mich. Mein Frauchen erklärte mir, hier seien wichtige Anti-Stress-Punkte, also Wohlfühlpunkte oder Glückspunkte.

Fühlst du dich auch manchmal unwohl?
Wie fühlt sich das „komische Gefühl" an?
Versuch zu beschreiben,
WANN du dich komisch fühlst.

Gibt es solche Momente in deinem
Kindergarten- oder Schulalltag?
Versuch zu beschreiben,
WO du dich komisch fühlst.

Amigos Tipp

Wenn du dich einmal unwohl fühlst oder in einer schwierigen Situation steckst, dann vertraue dich unbedingt deinen Eltern an.

Erzähle ihnen, was in deinem Kopf (= **in deinen Gedanken**) und in deinem Herz und Bauch (= **in deinen Gefühlen**) los ist.

Kuschel dich bei Mama oder Papa einfach an, das schenkt dir ein tolles Gefühl von Sicherheit und Geborgenheit, und dann rede dir alles von der Seele. Das hilft ungemein und alles, was vorher sorgenvoll und schwer erschien, fühlt sich wieder leicht an.

Amigos praktischer Tipp: „Glückspunkte reiben"

So geht`s:

1.) Die „Glückspunkte" sind wichtige Punkte zur Stressreduktion und Entspannung. Sie liegen am Kopf bzw. an der Stirn.

2.) Lege Daumen und Zeigefinger in der Mitte der Augenbrauen auf und gleite dann sanft die Stirn hoch, bis du leichte Höcker auf deiner Stirn erfühlen kannst. (Hinweis: Die Stirnbeinhöcker liegen niemals am Haaransatz, dann ist man zu weit oben.)

3.) Mit Daumen und Zeigefinger diese Zonen einen Moment lang leicht kreisend massieren und/oder mit leichtem Druck halten.

Hier liegen eure Glückspunkte

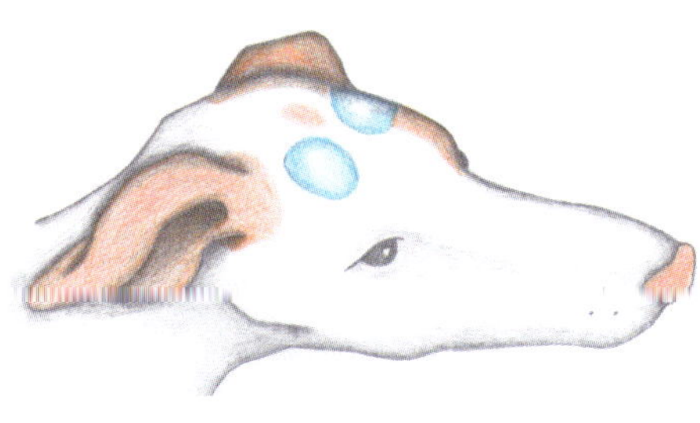

Wirkung

Die leichte Berührung und sanfte Massage dieser Glückspunkte/Wohlfühlpunkte, wirkt schnell entspannend und kann Erregung/Aufregung auflösen und dadurch Stress und Ängste minimieren.

Info für die Eltern: Am Kopfbereich befinden sich viele Nervenenden, Akupunkturpunkte und Reflexzonen. Zwei spezielle Reflexzonen sind besondere Stressreduktionspunkte, die sogenannten „Glückspunkte". Diese neurovaskulären Reflexpunkte am Kopf sorgen als emotionale Stressreduktion rasch für Entspannung und können jederzeit und überall stimuliert bzw. massiert werden. Die Stimulierung dieser Zonen kann sehr schnell entspannend wirken, und Unsicherheit, Erregung durch Stress und Ängste können minimiert werden.

Mit viel Gefühl

Mein Frauchen Sabina sagt oft, ich sei ein „Wildfang mit viel Gefühl". Wenn ich mal wieder so richtig in meinem Element bin und in der Natur frei umherlaufen darf, dann gibt es für mich kaum Grenzen oder Hindernisse.

Obwohl ich ja so riesengroße Ohren habe, wirke ich wohl manchmal wie taub, weil ich dann nicht gut höre bzw. gehorche. Sabina meckert ab und zu auch mal richtig los. Und dann kann es vorkommen, dass sie mich eben etwas lauter – manchmal ziemlich laut – rufen muss. Dann höre ich auch (meistens). Ich kann nämlich ein richtiger Schelm sein.

Wenn Frank und Sabina über mich reden, sagen sie häufig, dass in meiner Brust zwei Seelen wohnen: Einmal die wilde, laute Seele und dann noch eine ganz zarte, sensible Seele. Beide zusammen ergeben meine besondere Persönlichkeit und gehören zu mir.

Im Leben gibt es häufig zwei Seiten, wie zum Beispiel Tag und Nacht, hell und dunkel, glücklich und traurig – und eben auch sanft und wild. Alles ist miteinander verbunden bzw. gehört zusammen. Zum Tag gehört auch die Nacht. Und wenn die Sonne untergegangen ist, kommt der Mond hervor. So ist es eben auch bei mir. In der Natur habe ich immer großen Spaß. Ich liebe es, draußen zu sein. Ich kann dann ganz wild und rasend schnell sein. Und wenn ich mich ausgetobt habe, dann mag ich es eher sanft, wenn ich mit Sabina oder mit Frank kuschele. Ich liege sehr gerne ganz ruhig und entspannt in ihren Armen. Die Beiden sagen dann oft zu mir, ich sei doch ein riesengroßer Hund! Eben kein Chihuahua (das ist eine klitzekleine Hunderasse), den man mal eben so in den Arm nehmen kann.

Bei Sabina kuschele ich mich gerne an und lasse mir den Kopf streicheln und den Rücken massieren. Bei meinem „El Chefe" liege ich sehr gern auf dem Sofa in seinen Armen. Das stelle ich auch immer ganz clever an. Zuerst lege ich nur mein Köpfchen auf seine Beine, dann rücke ich eine Pfote nach und meistens beginnt er mich auch schon zu kraulen. Ganz unauffällig krieche ich dann aufs Sofa. Wenn ich dann da liege, mache ich eine kurze Pause und gucke ganz lieb. Ich krabbele ganz langsam etwas weiter. Und dann muss ich ganz schnell sein: Hochkrabbeln und mich auf den Rücken kullern lassen, Pfoten hoch und schnell die Augen zu machen.

Ich zähle langsam 1 – 2 – 3... und bei 3 warte ich kurz, was jetzt passiert. Ich gucke Frank dann ganz lieb an. Entweder ich bekomme ein scharfes Kommando „runter jetzt" oder ich werde weiter gestreichelt. Meistens muss Frank sowieso schmunzeln, wenn er mir in die Augen schaut und meinen „Bettelblick" sieht... Und dann darf ich in seinen Armen liegen bleiben. Da könnte ich stundenlang bleiben und mich streicheln lassen. Das tut so gut!

Mein sanftes, einfühlsames und freundliches Wesen ist etwas ganz Besonderes, finden meine Menschen. Ich liebe auch alle Menschen, egal, ob groß oder klein. Ganz besonders mag ich Kinder. Die sind so lustig und verspielt wie ich!

Früher, als ich noch klein war, hatte das Grundstück noch keinen Gartenzaun. Wenn ich im Sommer im Garten war und mit Benji gespielt habe, habe ich die Kinder schon von Weitem gehört, wenn sie aus dem Kindergarten oder der Schule gekommen sind. Ich konnte es kaum abwarten, sie zu begrüßen. Dann bin ich rasch durch die Baumhecke gelaufen, um den Kindern freudig zu begegnen. Ganz zart und liebevoll. Die Kinder waren immer total begeistert, aber Sabina war es nicht. Sie hatte Sorge, dass sich ein Kind erschrecken könnte. Also musste Frank einen Zaun bauen. Das fand ich sehr schade.

Ich freute mich immer über jeden Kinderbesuch bei uns Zuhause. Die Kinder finden mich meistens klasse und streicheln mich herzlich und liebevoll. Dann „schleime" ich mich bei den Kindern genauso ein wie bei Frank, sodass ich irgendwann in ihren Armen liege. Die Kinder finden das genauso lustig wie Frank, und ich genieße die Streicheleinheiten.

Ein paar Mal waren auch schon Kinder bei uns, die ziemlichen Schulstress hatten. Sabina hat ihnen gezeigt, wie man durch Übungen den Ärger und den Schulstress loswerden und sich wieder entspannen kann. Und natürlich durften die Kinder mit Benji und mir spielen und Tricks üben.

Wir können nämlich viele Hundetricks, die Sabina uns beigebracht hat. Benji beherrscht allerdings noch viel mehr als ich. Wir können beispielsweise mit einem Kinderwürfel würfeln, oder auf Kommando „Mach Musik" auf einem Minikinderklavier die Tasten mit unseren Pfoten drücken, sodass ein Klang ertönt. Benji kann auf das Kommando „Peng" einfach umfallen und sich schlafend stellen, und dann kommt die liebe Fee und sagt „Hui" und dann springt er wieder auf.

Die Kinder waren immer total begeistert, mit uns diese Tricks zu machen. Sie mussten sich dabei ziemlich konzentrieren, wenn sie uns mit ihren Worten oder auch mit einem Sichtzeichen per Hand ein Kommando erteilten.

Nach der Spielzeit folgte dann immer eine Kuschelzeit. Wir Hunde wurden ausgiebig gestreichelt. Sobald ich dann in den Armen eines Kindes lag und es mich streichelte, schien es mir so, als würde sich auch das Kind auf einmal gut entspannen können. Wenn Kinder vertraute Tiere streicheln, dann fühlen sie sich meistens sehr schnell wohl und entspannt.

Durch das Streicheln und Berühren löste sich der Stress auf, und die innere Anspannung war wie weggeblasen. Das Tolle an der Sache war auch, dass sich nicht nur die Kinder, sondern auch Benji und ich uns sehr wohl gefühlt haben.

Sabinas Tipp: Ihr solltet nur Tiere streicheln, die ihr kennt oder nach dem ihr das Herrchen/Frauchen gefragt habt, ob ihr das auch dürft. Es gibt Hunde, die nicht berührt werden möchten und vielleicht auch aggressiv reagieren könnten. Also: Erst fragen - dann streicheln!

Amigos Tipp

Streicheln, kuscheln, kraulen und massieren tut einfach gut. Lass auch du dich von deinen Eltern massieren oder kuschelt einfach miteinander und nehmt euch in die Arme. Jeden Tag mindestens ein Mal.

Wenn Kinder zu Besuch kamen, habe ich sehr häufig sofort wahrgenommen, wie sich das Kind gefühlt hat. Ob es glücklich und entspannt war oder traurig und angespannt. Ich kann es fühlen, aber nicht erklären, wie es funktioniert. Ich bin eben ein Hund mit feinen Antennen und sehr viel Feingefühl.

Sabina sagte oft, dass ich eine feinere und intensivere Wahrnehmung als andere Hunde habe und dass es eine ganz besondere Gabe sei. Nicht jeder Hund hat so viel Gefühl. Durch diese besondere Gabe, die ich schon von Geburt an habe, kann ich mich sehr gut in andere Wesen hineinfühlen – egal, ob es Erwachsene, Kinder oder Hunde sind. Manchmal reicht schon ein Blick und ich sehe oder spüre, ob sich jemand nicht gut fühlt oder traurig ist. Ich nehme fast jede Stimmung sofort wahr. Es ist dann so, als ob ich genauso fühle wie mein Gegenüber. Die Menschen nennen es: **Einfühlung, Einfühlungsvermögen oder auch Empathie.**

Wenn ich spüre, dass sich jemand nicht so gut fühlt, möchte ich am liebsten sofort zu dem Menschen hingehen und ihm meine Pfote geben. Ich kann es kaum aushalten, wenn es anderen nicht so gut geht.

Schaue ich dann den Menschen mit meinem „Dahinschmelzblick" in die Augen und unsere Blicke treffen sich, muss der Mensch – egal, ob groß oder klein – meistens schon ein wenig schmunzeln oder lächeln, und dann fühlt sich seine Stimmung schon ganz anders an.

Mein **Mitgefühl** ist auch in Bezug auf andere Hunde sehr groß. Obwohl ich ja selbst so ein laut bellender Wildfang sein kann, mag ich es nicht, wenn andere Hunde geärgert werden. Das ist ungerecht, unfair und doof! Ebenso mag ich es nicht, wenn andere Hunde mich ärgern.

Früher habe ich oft mit Windhunden getobt. Das war oft klasse, denn Windhunde können auch so schnell wie Podencos rennen, nur nicht so ausdauernd. Beim Toben auf der Wiese war oft eine Galgo-Hündin (Galgos sind eine Windhundrasse) namens „Josie" dabei, die ich total blöd fand. Beim Rennen hat sie mich meistens eingeholt und mir dann ganz doll in den Nacken gezwickt. Ich war richtig froh, dass wir irgendwann dort nicht mehr hingefahren sind. Ich bekam auf der Auslaufwiese immer komische Gefühle und fühlte mich dort sehr unwohl. Wer mag schon gerne jedes Mal geärgert, gezwickt und in die Enge gedrängt werden?! Oftmals waren es sogar mehrere Windhunde, Josie und ihre Galgofreunde, die mich gejagt und gezwickt haben. So ein Verhalten nennt man übrigens Mobbing. Das gibt es nicht nur unter Hunden, sondern auch bei Kindern und Erwachsenen. Wenn ich schlimm geärgert, also gemobbt wurde, hat es sich in mir immer so angefühlt, als würde sich mein Herz zusammenziehen und ich bekam oftmals sogar schlimme Angst. Ab und zu habe ich auch kaum atmen können und Bauchweh bekommen. Irgendwie war ich dort nie wirklich ich, so wie ich eigentlich bin, sondern eher ängstlich, schreckhaft und scheu. Ich hatte Angst mich zu zeigen, habe meine Gefühle versteckt und mich zurückgezogen.

Sabina und Frank waren so manches Mal sehr erstaunt, wie verändert ich auf einmal war. So kannten sie mich gar nicht. Ich habe mich auch nie getraut, die anderen Hunde zurückzuzwicken, anzuknurren oder laut zu bellen. In genau solchen Momenten fühlte ich mich klein, hilflos, mut- und machtlos.

Ich bin lieber dort, wo ich mich wirklich wohl fühle. Bei netten Menschen und Hunden mit ebenso viel Gefühl und Mitgefühl.

Wenn du jetzt an Amigo denkst,
wie sieht er aus, wenn er sich richtig wohlfühlt?
Male ein Bild von Amigo!

Amigo würde gern von dir wissen, ob du auch manchmal geärgert, also gemobbt wirst?

Amigos Ratschlag: Wann immer dich andere Kinder hänseln, ärgern oder mobben, trau dich, es einem Erwachsenen zu erzählen. Schweig niemals aus Angst vor den anderen Kindern. Vertraue den Erwachsenen unbedingt deine Gefühle an!

Amigo fragt: Spürst du auch,
wenn sich jemand nicht so gut fühlt?

Mitgefühl

Manchmal ist es zu viel Gefühl

Ihr wisst es ja schon, dass ich ein sehr gefühlvoller Hund bin. Mit viel Gefühl und viel Mitgefühl, eben ein Sensibelchen. Manchmal fühle ich sehr viel - einfach zu viel - weil ich mit all meinen Sinnen meine Umgebung wahrnehme und dabei sehr viele Reize aufnehme.

Dadurch, dass meine Sinne so fein ausgeprägt sind, nehme ich sehr viel mehr Dinge wahr, die andere Hunde so gar nicht wahrnehmen. Wir Podencos können ja sowieso supergut sehen, riechen und hören. Sabina sagt manchmal, ich habe so ein feines Gehör, dass ich das Gras wachsen höre.

Auch wenn alle Podencos eine besonders feine Wahrnehmung haben, bin ich trotzdem noch viel feinfühliger und einfühlsamer als die anderen. **Ich bin sehr sensibel, eben hochsensibel**.

Ich habe einen wachen Blick, sodass ich immer ganz genau die Gegend abscanne und überprüfe und viele Dinge schon lange vor Benji sehe. Natürlich ist es klasse, immer alles im Blick zu haben und alles Interessante sofort zu entdecken. Aber es gibt auch Momente, da fühle ich mich unwohl, wenn ich zu viele Dinge sehe. Nämlich dann, wenn wir alle zusammen in die Stadt gehen. Da nehmen meine Augen so viele Bilder und Bewegungen auf, ganz anders als in der Natur, die auf mich eher beruhigend wirkt. In der Stadt gibt es die vielen merkwürdigen Geräusche der Menschen, der Autos und was da alles zu hören ist. Die Stadt ist immer sehr laut. Hinzu kommen noch die vielen Gerüche der Menschen, Tiere, Autos, Häuser, Bäume und Blumen...

Manchmal bin ich dann verwirrt und fühle mich, als ob mein Gehirn Karussell fahren würde. Alles dreht sich in mir. Es strömen dann zu viele oder zu intensive Reize auf mich ein, weil ich all diese Gefühle, Eindrücke und Gerüche wie ein Schwamm aufsauge. Man kann es sich so vorstellen, als würden zehn Radios im Raum gleichzeitig verschiedene Lieder spielen. Ich nehme von überall Informationen auf. Da sind aber nicht nur die Töne, sondern ja auch noch die vielen Gerüche, Geräusche und die Gefühle der anderen Menschen und Tiere, die ich wahrnehme.

Meine Sinne sind dann schnell überstimuliert, weil es einfach zu viel ist, was ich aufnehme. Ich werde mit Reizen regelrecht überflutet.

Ich fühle mich dann oftmals überfordert und zugleich spüre ich auch eine gewisse Hilflosigkeit (wie auch in der Hundeschule). Dann kann es sein, wenn es sich „in meinem Kopf dreht", dass ich von einer Sekunde auf die andere plötzlich schlechte Laune bekomme. Oder ich fange an, bockig zu werden, und keiner versteht mein Verhalten. Doch! Sabina versteht es, weil es ihr genauso geht! Nur wird sie nicht bockig, sondern einfach nur etwas stiller und ruhiger. Sie zieht sich dann etwas zurück.

Wenn wir in der Stadt sind, fühle ich mich meistens sehr gestresst. Vielleicht liegt es auch daran, dass ich nicht so oft in der Stadt bin. Und richtig stressig ist es für mich, wenn meine Menschen dann noch in ein Café gehen und ich mich unter dem Tisch hinlegen soll. Benji bekommt das immer gut hin. Er legt sich hin, streckt alle Pfoten von sich und kann gut entspannen. Er macht sofort ein Nickerchen. Ihn stören all die Eindrücke und Gerüche nicht. Aber mich schon! Ich bin dann so hibbelig, dass ich kaum stillsitzen kann. Es ist unmöglich, mich dann hinzulegen, aber manchmal versuche ich es. Dann sehe ich all die Beine der Menschen und die Blicke anderer Hunde, die unter einem anderen Tisch liegen. Auch all die vielen verschiedenen Gerüche der Menschen, der anderen Hunde und des Essens überfluten meine Nase und mein Gehirn. Es ist einfach zu viel! Von dieser Geruchsüberflutung wird mir manchmal sogar schwindelig. Das ist schrecklich. Ich fühle mich so unwohl, dass mein Herz laut anfängt zu puckern und ich vor lauter Übererregung wieder hecheln muss. Es fühlt sich so an, als ob ich keine Luft bekomme. Wenn ich mich wieder setze, geht es mir schon ein wenig besser. Am liebsten möchte ich mich sofort an meine Menschen kuscheln, weil ich mich wieder so hilflos und verloren fühle. Streichelt Sabina mich dann und legt ihre Hand auf meinen Kopf, hört das „Karussell im Kopf" auf, und ich kann wieder ruhig atmen. Ich fühle mich dann nicht mehr so, als würde ich „haltlos durch die Luft fliegen". Ihre Hand gibt mir immer Halt und das Gefühl von Sicherheit und Geborgenheit.

Aber an manchen Tagen sind meine Menschen etwas genervt, weil sie natürlich auch mal in Ruhe ihren Kaffee genießen wollen und möchten, dass ich genau so ruhig liege wie Benji. Aber das kann ich definitiv nicht. Zum Glück hat Sabina jedoch meist Verständnis für mich, weil sie nachvollziehen kann, wie die vielen Eindrücke auf mich wirken. Sie kennt das von sich selbst, doch ist sie im Unterschied zu mir trotzdem gern in der Stadt.

Wenn wir die Stadt verlassen haben und zurück in unserem Dorf sind, kann ich endlich wieder in unseren Garten toben. Dann bin ich glücklich und ganz ausgeglichen. Wie schön es hier riecht. Ich liebe den Duft der Blumen und der Bäume, den Wind, die frische Luft, den Sonnenschein. Und ich liebe Spaziergänge im Grünen und tolle Spielchen mit Benji und Sabina. Das gefällt mir supergut. Dann komme ich schnell zur Ruhe und mein zartes – und manchmal überlastetes – Nervensystem kann sich wieder entspannen. Ja, Zuhause und in der Natur bin ich immer total relaxed. In mir spüre ich dann Ruhe und Frieden.

Dann spüre ich ZU-FRIEDEN-HEIT.

Es gibt aber auch Tage, an denen ich ganz besonders schnell aufgeregt bin und mich gestresst fühle. Das sind die Tage, die einen anderen Ablauf haben, anders, als ich es kenne. Ich fahre sehr häufig mit Sabina und Benji im Auto irgendwo hin, um dort spazieren zu gehen. Das sind für mich gewohnte Rituale und es sind sozusagen Routineausflüge.

Aber wenn dann El Chefe, also Frank dabei ist, wird es eine besondere Ausfahrt, weil wir ganz woanders hinfahren als üblicherweise. Ich spüre es sofort und bin dann sehr aufgeregt. Manchmal muss ich doll hecheln oder fiepse so vor mich hin. Benji ist davon oftmals ganz schön genervt. Wenn es sich für mich ganz schlimm anfühlt, dass ich mich kaum einkriegen und wieder beruhigen kann, dann lege ich meinen Kopf entweder auf Benjis Kopf oder auf seinen Rücken. Es gibt mir das Gefühl von Sicherheit, so als würde ich in diesem Moment ein wenig mehr Halt haben. Dann fühle ich mich ein wenig besser. Ich bin happy, dass Benji so geduldig ist.

Auf jeden Fall reagiere ich auf die allerkleinsten Veränderungen sehr schnell und sehr intensiv. All die vielen, neuen Eindrücke und Reize machen mich auch schneller müde und ich fühle mich rasch schlapp.

Wenn wir endlich am Ausflugsziel angekommen sind und ich rennen, toben und schnüffeln kann, dann geht es mir wieder gut. Dann fühle ich mich wieder frei und laufe, bis ich wieder glücklich und entspannt bin. Ich genieße das Herumtollen sehr und möchte am liebsten immer weiter rennen. Manchmal müssen mich meine Menschen dann einfach an die Leine nehmen, damit ich zwischendurch auch mal zur Ruhe kommen kann. Sie sagen in solchen Momenten, ich würde kein Ende finden. Nach einer kurzen Ruhephase darf ich dann endlich wieder losrennen. Toben ist eben einfach klasse!

Ansonsten bin ich im Grunde genommen ein ziemlich cooler Hund. Schreckhaft bin ich nicht und laute Geräusche stören mich eigentlich auch nicht. Der gruselige laute Staubsauger kann sogar an meiner Nase vorbeisaugen und ich bleibe ganz entspannt liegen. So ein Gerät kann mich nicht erschrecken. Ich erschrecke mich aber, wenn es draußen knallt. Besonders bei den blöden Silvesterböllern. Ich habe mich vor ein paar Jahren einmal so heftig erschrocken, dass mir heute immer noch manchmal angst und bange wird.

Diese Geräusche tun mir in den Ohren weh. Besonders von den lauten, schrillen, heulenden, zischenden und quietschenden Böllerbatterien. Die Lichter sind so extrem grell und auch der ätzende Geruch der Chemikalien beißt schlimm in meiner Nase, wovon ich dann husten und niesen muss. Ich reagiere darauf sehr empfindlich.

Früher hatte ich an den Silvestertagen immer viel Stress, weil ich große Angst hatte. Die Angst und Panik wurde durch ein blödes Erlebnis ausgelöst. Erwachsene Menschen waren ganz rücksichtslos und haben direkt vor mir eine Böllerbatterie gezündet. Ich habe es nicht gesehen und Sabina war davon ausgegangen, dass die Erwachsenen so rücksichtsvoll wären und warteten, bis wir vorbeigegangen sind. So war es aber nicht! Beim plötzlichen Knallen und Blitzen habe ich mich heftig erschrocken. Das war sehr schlimm! Ich hatte richtige Panik, so groß war der Schreck. Die Angst vor diesen Dingern war nun riesengroß. Sabina hat mit mir ein besonderes Training gemacht und ich habe wieder gelernt, weniger Angst davor zu haben und mich wieder gut zu entspannen. Aber ich mag die Böller trotzdem nicht.

Ebenso mag ich den Geruch von Feuer nicht. Frank und Sabina machen manchmal bei Vollmond oder an lauen Sommerabenden Feuer im Garten. Benji legt sich dann gerne in der Nähe des Feuers hin und schaut einfach zu, was die Menschen so machen. Ich fange dann immer an zu fiepen, weil ich diesen Geruch nicht mag, mir die Augen davon brennen und es im Hals kratzt. Ich möchte dann lieber wieder ganz schnell ins Haus.

Meine Hundenase ist eben sehr geruchssensibel.

An Orten, an denen es für mich ganz komisch riecht, mag ich gar nicht sein. Ich war einmal in Hamburg in einem großen Kaufhaus und musste mit meinem „Menschenrudel" durch eine Parfümerieabteilung laufen. Dort habe ich es vor Gestank kaum ausgehalten. Ich habe mir die Frage gestellt, warum sich die Menschen so ein Zeug kaufen und sich damit ansprühen. Ich mag es, wenn Menschen gut riechen, aber einige tragen eine so intensive Parfümwolke, dass alles um sie herum stinkt. Ich finde es unerträglich.

Genauso schlimm und unangenehm riecht es beim Tierarzt. Wenn ich durch die Eingangstür gehe, möchte ich am liebsten wieder kreischend rauslaufen. In den Tierarztpraxen muss es immer ganz sauber und hygienisch sein.

Deshalb werden die Räume intensiv mit Desinfektionsmittel gereinigt. Das beißt mir so sehr in der Nase. Sabina sagt auch, sie bekäme davon brennende Augen und ein Glühen im Gesicht. Hinzu kommt der Geruch der vielen verschiedenen Tiere, die dort warten: Hunde, Katzen, Kaninchen, Hamster, Ratten, manchmal auch Schlangen.

Hunde können es übrigens riechen, wenn andere Menschen und Tiere Angst haben, weil sich ihr Körpergeruch verändert. Und da viele Tiere beim Tierarzt Angst haben, riecht es dort auch nach Angst. Dieses Gefühl überträgt sich dann direkt auf mich und mir ist auf einmal unwohl.

Es sind also wieder so viele Gerüche, die in meine Nase strömen und mich verwirren, dass ich zappelig und unruhig werde. Manchmal möchte ich einfach laut losheulen und piepse dann ganz schrill vor mich hin. Wenn ich mich unwohl fühle, muss ich oft gähnen oder mich kratzen. Das komische Gefühl wird immer schlimmer und irgendwann fange ich an zu zittern und winsele nur noch herum. Und dann wird es richtig blöd, weil mich alle anderen Hunde und auch deren Menschen genervt anschauen. Diese Blicke kann ich kaum aushalten und heule dann noch viel mehr. Benji liegt dagegen ganz entspannt im Warteraum.

Einmal war ich so überdreht, dass mein Herz viel zu schnell schlug und meine Zunge schon etwas blau angelaufen war. Das ist bei Hunden ein kleines Alarmzeichen, dass es ihnen nicht gut geht. Auch all die lieben Entspannungsstreicheleinheiten brachten mich nicht mehr zur Ruhe. Das war total schlimm.

Solchen Stress brauche ich heute zum Glück nicht mehr erleiden, da ich nie mehr im schrecklichen Wartezimmer der Tierarztpraxis warten muss, sondern im Auto bleiben darf, bis ich an der Reihe bin. Ich werde dann gleich ins Behandlungszimmer des Tierarztes geführt und dann klappt alles gut. Zur Belohnung bekomme ich noch ein Leckerlie. Das schmeckt lecker und alle Aufregung ist schnell vergessen.

Ich bin eben ein sehr sensibler Hund, der auf viele Dinge intensiver reagiert als andere Hunde.

Nehme ich in manchen Situationen zu viele Reize auf und bin dadurch sehr gestresst, dann reagiert mein Körper manchmal ganz extrem: Zuerst rege ich mich auf und werde hektisch, dann muss ich ganz doll hecheln. Wenn ich sehr gestresst bin, rumpelt es an manchen Tagen auch in meinem Bauch und ich bekomme Durchfall. Nicht, weil ich etwas Falsches gegessen habe, sondern weil mein Körper so empfindlich auf die Aufregung reagiert.

Ich bin auch in Punkto Ernährung sehr sensibel, denn ich kann beispielsweise nicht jedes Futter vertragen. Von manchen Futtersorten brennt mir die Zunge wie Feuer. Von anderen bekomme ich dagegen sofort Bauchweh und Durchfall, oder meine Haut fängt an zu jucken.

Ich muss an meinem Futter übrigens immer erst mal schnuppern, während Benji es meistens sofort frisst. Manches Futter mag ich einfach nicht riechen, ich sortiere es dann aus und lasse es im Napf liegen. Was komisch riecht, esse ich nicht! Sabina sagt, ich sei „Mister Wählerisch". Sie sorgt zum Glück dafür, dass ich nur gutes Futter bekomme, welches ich mag und auch vertragen kann. Das ist sehr wichtig für mich.

Auch auf andere Dinge reagiere ich sehr sensibel. Ich habe schon einmal von einer Hundedecke Husten bekommen, weil diese wahrscheinlich mit einem Mittel gegen Ungeziefer behandelt worden war. Trotz vorherigem Waschen hat der Stoff wohl immer noch etwas von dem Mittel ausgedünstet und ich bin davon krank geworden. Ich musste husten, meine Augen waren verklebt und mir ist die Nase gelaufen. Sabina nimmt so etwas meistens sofort wahr und irgendwie hat sie immer eine Ahnung, woher es kommen könnte, weil es ihr ähnlich geht. Die Decke hat sie sofort weg getan und mir eine neue besorgt. Ich habe ein paar homöopathische Kügelchen bekommen und dann war schnell alles wieder gut.

Es ist oft so, dass ich von irgendwelchen Dingen krank werde, während andere Hunde scheinbar alles gut vertragen können. Ich fühle mich dann schlecht und irgendwie anders, weil mein Körper so empfindlich reagiert.

Ich bekomme von irgendwelchen intensiven Gerüchen schnell Halsschmerzen, Schnupfen, Husten, tränende Augen oder andere komische Symptome. Dann bin ich oftmals ganz unglücklich, weil es nicht immer angenehm ist. Diese Empfindlichkeit haben Sabina und ich übrigens gemeinsam. Sie reagiert auch so hypersensibel auf einige Dinge. Wenn sie mich manchmal tröstet, weil ich wieder Husten oder ähnliches habe, dann erklärt sie mir, dass ich ein ganz tolles, starkes Immunsystem habe und einen wundervollen Körper. Dieser reagiert eben nur anders als bei anderen Hunden. Das ist halt so.

Wenn ich gebürstet werde, dann darf es nur ganz sanft sein. Die Bürste muss ganz weiche Borsten haben, sonst tut es mir auf der Haut weh. Berührungsempfindlich bin ich eigentlich nicht, denn ich liebe es, stundenlang gestreichelt und getätschelt zu werden. Aber meine Empfindsamkeit bzw. mein Gefühl auf der Haut ist ebenfalls sehr sensibel. Nicht nur, weil ich sehr dünnes Fell habe, sondern sehr feinfühlig bin. Einige Halsbänder oder Brustgeschirre mag ich nicht, weil sie scheuern und sich komisch auf meiner Haut anfühlen. Alles, was ich an meinem Körper trage, muss weich, leicht und angenehm sein. Meine Haut ist eben auch sehr empfindlich.

Ich finde zum Beispiel die warmen Hundemäntel im Winter schrecklich. Wenn es sehr kalt ist, brauche ich so einen Mantel, weil ich keine wärmende Fettschicht habe. Ich bestehe ja fast nur aus Haut, Knochen, Muskeln und Sehnen. Darum tut mir ein Wintermantel eigentlich gut, aber wenn sich das Fleecefutter beim Anziehen statisch auflädt und knistert und sich dann elektrisch entlädt, das ist der Horror! Es fühlt sich so an, als würde ich einen kleinen Stromschlag bekommen. Das An- und Ausziehen ist eine richtige Tortur und ich fühle mich eingeengt und unwohl. So, als würde ich einen Fremdkörper mit mir herumtragen.

Einmal musste ich ganz lange einen Verband an meiner Pfote tragen, weil ich mich schlimm verletzt hatte. Ich wurde sogar operiert und musste täglich zur Nachuntersuchung. Jeden Tag bekam ich einen Spezialverband um die Pfote gewickelt. Dieser ständige Verbandswechsel in der Tierklinik war sehr unangenehm. Ich mochte das Gefummel an meiner Pfote gar nicht und mir gefiel es auch in der Tierklinik nicht.

An meinen Pfötchen bin ich sowieso sehr empfindlich. Ich mag auch nicht mit meinen feinfühligen Pfoten über spitze Steine oder nassen Rasen laufen. Und beim Krallenschneiden verwandele ich mich schnell in eine „Mimose“, so nennt Frank mich, weil ich mich so übertrieben aufrege.

Ebenso, wenn meine Zweibeiner nach einer Zecke schauen wollen oder eine kleine Wunde versorgen möchten. Sie sagen dann, ich würde mich in eine „Drama-Queen“ verwandeln, weil ich anfange zu heulen, zu wimmern, zu quietschen.... „Amigo hast du etwa Schmerzen?“, fragt Sabina dann etwas scherzhaft, denn sie weiß genau, dass man durch bloßes Anschauen einer Zeckenzange keine körperlichen Schmerzen erfährt – und dann heule ich erst recht los.

Noch schlimmer ist es, wenn wirklich eine Zecke entfernt werden muss. Das Drama spitzt sich noch mehr zu. Ich fiepe, kreische und beginne vor Aufregung zu hecheln. Schwupps ist dann die Zecke draußen. Ich habe davon meistens nichts gemerkt. Im Nachhinein hat es ja auch nie wirklich doll weh getan, aber die Aufregung und die Angst vorher ist eben schlimm! Jedenfalls für mich.

Wenn Benji und ich nach einem tollen Matschspaziergang oder von der Elbe zurückkommen, sind wir oft voller Sand. Besonders der feine, helle Elbstrandsand klebt am Fell und an der Haut. Benji schüttelt sich einmal kurz, und legt sich zum Schlafen in sein Körbchen. Irgendwann fällt der Rest des getrockneten Sandes dann aus seinem Fell. Das könnte ich nie aushalten. Ich putze mich erst mal ganz intensiv, lecke mein Fell und puhle mit meinen Zähnen jedes Sandkörnchen aus meinen Haaren. Alles wird ganz sauber geleckt. Mein Frauchen sagt dann immer, ich sei wie eine Katze. Die würden sich auch so intensiv putzen und das Fell lecken. Wenn dann alles sauber ist und sich mein Fell wieder gut anfühlt, stehe ich noch mal auf, um mich zu recken und dann drehe ich mich ein paar Mal im Kreis, um mein Hundebett ganz gemütlich zu machen. Erst dann, wenn sich alles gut anfühlt, lege ich mich hin und schlafe.

Manchmal, wenn ich nicht einschlafen kann, weil ich so viele Gedanken in meinem Kopf habe, bin ich auch genervt. Eigentlich bin ich hundemüde, aber in meinem Kopf fühlt sich alles total überdreht an. So, als würde ein Gedankenkarussell ganz schnell in meinem Kopf kreisen. Dann muss ich mich noch einige Male in meinem Körbchen hin und her wälzen. Manchmal werde ich auch ärgerlich, weil Benji schon lange tief und fest schläft und ich noch nicht einschlafe. Dann habe ich mir schon oft die Frage gestellt, warum gerade ich so viel mehr fühle, rieche, höre und sehe als andere Hunde.

Es gibt auch Tage, da fühle ich mich dann so anders, so als würde ich von einem anderen Planeten kommen, und ich habe das Gefühl, dass mich niemand verstehen würde. Dann werde ich manchmal richtig traurig. Meistens kommt dann in solchen Momenten Sabina zu meinem Körbchen und streichelt und tröstet mich, bis ich endlich eingeschlafen bin.

Und weißt du, was ich überhaupt nicht kann? Draußen schlafen wie andere Hunde es machen. Ich liege sehr gerne draußen im Garten in der Sonne, döse dort herum und mache ein Nickerchen. Zwar genieße ich die warmen Sonnenstrahlen auf meinem Fell und relaxe. Aber wenn ich wirklich müde bin und schlafen möchte, dann gehe ich lieber ins Haus in mein ruhiges Körbchen. Draußen sind so viele Geräusche und Gerüche, dass ich dort niemals richtig einschlafen kann. Anders als Benji, der kann überall schlafen. Übrigens kann Frank auch überall und sofort einschlafen und Sabina nicht. Ihr geht es so, wie es mir geht. Sabina reagiert zum Beispiel sehr sensibel auf Elektrogeräte, sodass sie in ihrem Schlafzimmer niemals ein Handy oder einen Funkwecker hat. Sie achtet auch immer darauf, dass solche Geräte nicht in der Nähe von meinem Körbchen liegen.

Ich will dir noch etwas Lustiges erzählen. Manchmal bin ich sooo hundemüde, aber ich kann nicht einschlafen, weil ich hungrig bin. Dann liege ich in meinem Körbchen und fiepe und weine vor mich hin. Das mache ich so lange, bis ich dann endlich Futter bekomme ... Und weißt du, warum ich von Sabina Futter bekomme? Weil sie mich versteht! Ich habe schon einige Gespräche belauscht, in denen sie El Chefe berichtet hat, dass sie vor Hunger auch manchmal nicht einschlafen kann. Frank kann das natürlich nicht verstehen, der kann ja immer sofort einschlafen. So wie Benji. Und irgendwann erzählte sie dem El Chefe, dass es in der Homöopathie sogar den Begriff „Hungerschmerz" gibt. Sie erklärte dann, dass sie auch nicht einschlafen könne und ebenfalls auch richtig Schmerzen vor Hunger im Bauch verspüren würde. Ich wurde sofort hellhörig, denn genauso geht es mir auch. Mit leerem Bauch kann ich nicht schlafen!

Hast du auch eine besondere Wahrnehmung? Worauf reagierst Du sehr sensibel?

Gibt es etwas, das du nicht essen
oder riechen magst?
Wie geht es dir bei lauten Geräuschen?

Hochsensible Wahrnehmung

Gemeinsamkeit macht stark!

Sabina berichtet von ihrer Podenco-Begeisterung:

Seit mehr als zwei Jahrzehnten bin ich ein großer Fan der Hunderasse Podenco Ibicenco, es sind sehr spezielle Hunde mit ganz besonderen Eigenschaften. Sie...

- sind Team-Player.
- leben in friedvoller Gemeinschaft.
- lieben rücksichtsvolles Miteinander.
- sind mutig.
- sind sehr sportlich.
- sind verschmust.
- brauchen eine klare Kommunikation
- sind sehr einfühlsam.
- und sind vor allem lustig.

Dazu haben sie noch viele weitere tolle Besonderheiten. Von diesen Hunden bzw. ihrem Verhalten können wir Menschen im Umgang miteinander einiges lernen. Podencos sind für mich ein gutes Beispiel für ein faires und friedvolles Miteinander. Sie haben ein sehr ausgeprägtes Sozialverhalten. Hunde dieser Rasse werden auf den Balearen, einer Inselgruppe im Mittelmeer, oftmals problemlos in Gemeinschaft gehalten. Jedenfalls ist es auf Ibiza so.

Podencos sind so einzigartig, weil sie als Jagdhunde in Spanien gemeinsam als Gruppe oder als „Trupp" (so wird es in Fachkreisen genannt) auf die Jagd gehen. Jeder Hund kann seine eigenen Stärken entfalten und sein besonderes Können, seine Strategie und seine Cleverness und Klugheit einbringen. Aber der Fokus liegt immer darauf, gemeinsam ein Ziel zu erreichen! Eine Eigenschaft, die wohl eher selten bei anderen Jagdhunderassen zu finden ist. Podencos sind eben tolle Team-Player. Sie lieben das Miteinander, alle Rudelmitglieder sind integriert und keiner muss sich besonders beweisen.

Für diese Hunde gilt nicht die Aussage: „Nur der Stärkere kann sich durchsetzen und gewinnt". Das Miteinander ist ihnen wichtiger, als andere wegzudrängen. Seit vielen Jahren studiere ich das Verhalten dieser ganz besonderen Hunde und sie faszinieren mich immer mehr, weil sie so gemeinschaftlich und rücksichtsvoll miteinander umgehen.

Die jüngeren Hunde lernen das friedvolle Miteinander und ihr tolles Sozialverhalten von den älteren. Ebenso lernen sie, ihre ganz eigenen Jagdstrategien zu entwickeln. Jeder einzelne Hund hat seine ganz besonderen Stärken, die ein wertvoller Schatz für die ganze Gruppe sind. Es gibt kein besser oder schlechter. Jeder Hund darf sich mit seinen ganz besonderen Eigenschaften und Begabungen in die Gruppe einbringen.

Das harmonische Miteinander der Ibizahunde begeistert mich immer wieder aufs Neue. Egal, ob sie in ihrem Auslauf toben oder im sogenannten Podenco-Haus liegen, wo sich die Hunde im ibizenkischen Winter eng aneinander kuscheln – sie wirken immer sehr friedvoll.

Sogar bei der Fütterung gibt es selten Streit, lediglich mal ein kurzes Knurren. Selbst wenn die Jungpodencos sich an die Futterwanne heranschleichen, um sich die besten Fleischstücke zu stibitzen. Die älteren Hunde beißen sie dann nicht weg, um das Futter zu verteidigen, sondern erlauben es einfach.

Welch vorbildliches Verhalten in einer Gemeinschaft: miteinander alles fair zu teilen. Von diesem besonderen, positiven Gemeinschaftsverhalten können wir Menschen, egal ob Kinder oder Erwachsene, sehr viel lernen!

Wir können jederzeit entscheiden, ob wir uns

A) als Einzelkämpfer „durchbeißen" wollen oder uns

B) in einer Gemeinschaft verbinden, aber trotzdem unsere Individualität und unsere Einzigartigkeit behalten wollen.

Es geht auch nicht darum, sich zu beweisen oder immer besser als andere sein zu wollen, sondern um das einfühlsame und gemeinschaftliche Miteinander.

Mit Gleichgesinnten zusammen zu sein macht stark!

Amigo erzählt, dass er die Harmonie liebt:

Könnt Ihr Euch nun vorstellen, warum ich stolz bin ein Podenco Ibicenco zu sein?! Ich bin ein sehr sensibler und einfühlsamer Hund und auch ein absoluter Team-Player. Mir ist ein harmonisches Miteinander sehr wichtig.

Klar, habe ich auch manchmal Streit mit Benji, wenn wir uns beispielsweise um ein Hundespielzeug streiten. Aber einer von uns gibt immer nach und dann wechseln wir uns ab. Miteinander zu toben und zu spielen sind mir und auch Benji sehr wichtig.

Achtsam miteinander umzugehen und Rücksicht aufeinander zu nehmen, ist mir sehr wichtig. Lieber miteinander anstatt gegeneinander.

Gegeneinander oder Miteinander –
wie kennst du es aus Deinem Alltag?
Schreibe ein paar Beispiele auf!

Miteinander

Ich kann. Stärke die Stärken!

Sabina hat mir schon so oft gesagt, welch besonderes Wesen ich für sie bin, daher kann ich es inzwischen auch gut annehmen. Durch meine Fröhlichkeit und meine positive Lebenseinstellung versuche ich meine Gedanken meistens auf alles Positive, auf das Schöne im Leben auszurichten.

Natürlich gibt es im Alltag oftmals auch Tage oder Situationen, an denen nicht immer alles glatt läuft. Manchmal gab es ja etwas, das ich nicht so gut konnte. Aber ich habe niemals aufgegeben und habe weiter geübt. Ich habe versucht, durch üben, üben und üben mich immer mehr zu verbessern.

Ich bin davon überzeugt, dass ich alles schaffen und erreichen kann, wenn ich es will.

Natürlich gibt es andere Hunde, die ständig nur herumjammern und sagen: „Och, das kann ich überhaupt nicht gut ..." oder „Das klappt niemals ...". Aber das Jammern ist reine Zeitverschwendung, denn dadurch wird das Gefühl, dass man etwas nicht kann, nur noch größer. So ist jedenfalls meine Meinung.

Amigos Tipp

Anstatt sich immer auf das zu konzentrieren, was man nicht kann, ist es doch wichtiger, sich auf die eigenen Stärken zu konzentrieren. Manchmal könnt ihr durch Lernen und Üben einige eurer Schwächen sogar zu Stärken machen.

Ich möchte dir von meinen Stärken erzählen

Das kann ich zum Beispiel besonders gut:

- Ich kann schnell laufen, sehr hoch und weit springen
- Ich bin sensibel und sehr einfühlsam
- Ich bin total clever und kann sehr schnell lernen
- Ich möchte viele Abenteuer im Leben erleben
- Ich bin achtsam und sehr interessiert am Leben
- Ich bin verschmust
- Ich bin ein fairer Freund
- Ich habe eine sehr feine Wahrnehmung, ich nehme fast alles wahr
- Ich bin lustig und fröhlich
- Ich bin kreativ und habe viele Ideen

Ich könnte noch viele weitere Beispiele aufschreiben.

Amigos Tipp

Natürlich weiß ich, dass du – wie auch ich – Schwächen hast, aber achte jetzt bitte nur auf deine Stärken (deine tollen Eigenschaften, deine Begabungen und alles, was du gut kannst).

Deine Stärken stärken dich.
Du darfst stolz auf deine besonderen Fähigkeiten sein.
Sie stärken dein Selbstbewusstsein.

Selbstbewusstsein bedeutet, dass man sich die besonderen Begabungen, die man hat, wirklich bewusst macht. Sie zu erkennen, anzuerkennen und wert zuschätzen, stärkt das eigene Selbstbewusstsein und dein Selbstbild, denn mit deinem inneren Schatz (das sind deine Stärken) bist du einfach genial.

Mach es doch wie Amigo und schreibe all deine Stärken und alles, was du gut kannst, auf!

Selbstbewusstsein

Feinfühlig, einzigartig und genial!

„Ein Podenco kümmert sich wenig darum, was andere von ihm denken, erwarten oder von ihm halten. Er möchte sich immer ein Stückchen seiner Freiheit bewahren, ohne sich einengen und dressieren zu lassen. Er hat keine Angst vor dem Missfallen anderer, er ist stolz, so zu sein, wie er ist. Ein Podenco lebt sein Leben voller Lebensfreude. Die Seele eines Podencos will frei sein, frei laufen dürfen, sich frei fühlen – so frei wie der Wind."

Diese wundervollen Zeilen hat mein Frauchen Sabina über die Podencos geschrieben. Sie möchte damit beschreiben, was für einen tollen Charakter und welche Eigenschaften diese Hunde haben. Sie wollen in ihrem Herzen immer ein Podenco bleiben und sich nicht anpassen und verbiegen, um sich beispielsweise in einen folgsamen Schäferhund zu verwandeln. Sie sind stolz auf ihre Einzigartigkeit und sind eben so, wie sie sind.

Ja, wir Podencos sind sehr speziell! Wir sind kaum mit einer anderen Hunderasse zu vergleichen, denn wir denken und fühlen anders. Dadurch sind wir eben besonders, aber nicht im Sinne von besser oder schlechter. Man muss im Leben auch nicht immer alles werten und beurteilen. Es gibt eben solche und solche Hunde.

Die Golden Retriever oder auch die Bernhardiner sind eher sehr gemütliche Hunde. Nicht besser oder schlechter als Podencos, aber anders. Manchmal schaut es so aus, als würden einige Hunde dieser Rasse eher verträumt durch die Gegend trotten und gar nicht so achtsam jedes feine Geräusch, jeden Geruch, jedes Signal und jeden Eindruck wahrnehmen.

Ein Golden Retriever bei uns aus dem Dorf darf immer ohne Leine laufen. Die Besitzerin hat einmal zu meinem Frauchen Sabina gesagt, dass ihr Hund sowieso weder Hasen noch Rehe sehen oder riechen würde. Wenn er mal ein Wildtier entdecken würde, wäre er zu faul hinterher zu laufen (Das hat die Frau gesagt. Das heißt aber noch lange nicht, dass alle Golden Retriever so sind! Es sind nämlich tolle Hunde!).

Aber wir Podencos sehen, hören und riechen beinahe alles! Wir sind feinfühliger und nehmen mehr Reize auf, die unser Gehirn aber auch verarbeiten muss. Das ist nicht immer so toll.

Wie ich schon erzählt habe, kann es auch schon mal ziemlich anstrengend sein, denn weil wir so viel aufnehmen, sind wir manchmal auch schnell überreizt und hibbelig oder können eher erschöpft und müde sein. Ich bin selten wirklich hundemüde, weil ich meistens überdreht bin und dann schlecht zur Ruhe komme. Für mich ist es sehr wichtig, dass ich Ruhezeiten habe und mich an einen stillen Ort zurückziehen kann, um mich wieder zu entspannen.

Eine sensible Wahrnehmung kann einen auch hin und wieder irritieren. Mir kann man nämlich nichts vormachen. Durch meine feine Wahrnehmung kann ich Dinge sehen oder fühlen, die andere so nicht erkennen. Manchmal sind es auch nur klitzekleine Dinge, wie zum Beispiel das Lächeln eines Menschen. Ich erkenne sofort, ob der Mensch einem nur ein Lächeln vorspielt und etwas sagt, um dem anderen zu gefallen, oder ob er es wirklich ernst meint.

Ich möchte dir dazu ein Bespiel erzählen: Neulich wurden Sabina und Frank von einer Frau mit einem kleinen Mops angesprochen, die fragte, warum ich so ein dünner Hund wäre und was ich für eine Rasse sei. Meine Menschen klärten die Frau auf und dann streichelte sie mich und sagte mit säuselnder Stimme: „Ach, der ist zwar sehr groß, aber auch sehr süß". Dann lächelte sie mich an. Und genau dieses „komische" Lächeln habe ich sofort durchschaut. Es war ein gekünsteltes, also ein aufgesetztes, nicht echtes Lächeln, welches sie gar nicht ernst gemeint hat. Ihre Worte, ihr Lachen und ihr Herz haben alle etwas anderes ausgedrückt. Die Signale ihrer Mimik und Körpersprache stimmten nicht überein. Ihre Worte sollten freundlich klingen, ihr Lächeln war aber unecht und gespielt! Denn sicherlich fand sie so einen großen und dünnen Hund blöd. Die Frau war nicht echt! Ich habe es sofort gespürt. Sie hat nicht ehrlich aus dem Herzen gesprochen.

Ich mag lieber Menschen, die aus ihrem Herzen sprechen und wirklich ehrlich und aufrichtig sind. Wenn Menschen etwas sagen und dabei doch etwas anderes fühlen oder denken, verwirrt und irritiert es mich.

Kennst Du auch solche Situationen, in denen jemand Dir etwas „vorspielt"?

Durch mein zartes, elegantes Aussehen falle ich eben oft auf. Ich habe nun einmal einen Körperbau wie ein Windhund, bin aber kein Kurzstreckensprinter, sondern ein Ausdauersportler. Das unterscheidet die Windhunde und Podencos voneinander. Beide Hunderassen setzen selten Körperfett an, weil wir fast nur aus Muskeln, Knochen und Sehnen bestehen. Darum wirken wir so dünn und zerbrechlich. Ich bin nun einmal so gebaut, und kann es nicht ändern. Mein Körper ist so, wie er eben ist.

Aber es nervt mich manchmal, dass die Menschen meinen, ich müsste mehr fressen, damit ich dicker werde, da ich ja so zart und überempfindlich wirken würde. Ich bin aber überhaupt nicht zerbrechlich. Ich bin sehr robust, unerschrocken, mutig und dennoch sehr sensibel und feinfühlig.

Ich nehme so viele Dinge wahr, bin sehr sensibel, eben hochsensibel. Das sind ganz tolle Eigenschaften.

Ich bin hochsensibel, aber das ist für mich total normal. Ich bin eben anders normal, anders als die anderen, weniger sensiblen und aufmerksamen Hunde. Aber es ist doch egal, ob man so oder so ist. Das eine oder andere ist weder besser noch schlechter. Hauptsache, man ist überhaupt sensibel für die Gefühle anderer Lebewesen.

Sabinas Gedanke: Menschen verbinden in ihrem Denken Sensibilität oft mit Begriffen wie zum Beispiel „Weichei" oder „Mimose", damit meinen sie eher etwas Negatives. Die Menschen, die so etwas denken oder sagen, machen sich sicherlich keine Gedanken darüber, denn warum soll es negativ sein, wenn jemand sehr feinfühlig oder sensibel ist? Früher war es noch anders. Deine Großeltern sind vermutlich auch so erzogen worden, dass sie es nicht gelernt haben, ihre Gefühle offen zu zeigen. Damals war es so. Aber das hat sich zum Glück heute alles verändert.
Wer immer noch so denkt wie früher, hat die Zeit verschlafen. Und das meine ich wirklich so! Bei einigen Menschen ist dieses Verständnis leider noch nicht angekommen. Gefühle zuzulassen ist so wichtig.

Nur wer selber gefühlvoll und einfühlsam ist, kann die Gefühle anderer verstehen. Und wer mich kennt, wird meine feinfühlige und sensible Art lieben und schätzen lernen. Natürlich haben es meine Menschen und auch mein Hundebruder Benji nicht immer leicht mit mir. Ich weiß, dass ich manchmal sehr anstrengend sein kann. Besonders, wenn mein Gefühlsleben durch zu viele Reize mal wieder etwas durcheinander geraten ist und ich launisch, wütend oder hibbelig werde. Manchmal erkenne ich mich dann selbst nicht wieder, so schnell kann meine Gefühlswelt in eine Schieflage, also aus dem Gleichgewicht, kommen. Wenn ich dann zu laut werde, schaut Benji mich manchmal ganz merkwürdig und fragend an. Er scheint mein Verhalten und mein Gefühlswirrwarr auch nicht zu verstehen, aber als toller Freund versucht er es trotzdem immer.

Sabina findet mich übrigens „verhaltensoriginell", weil ich mich manchmal anders als alle anderen Hunde verhalte. Andere würden vielleicht sogar über mich sagen, ich wäre verhaltensauffällig oder ein Problemhund… Den Begriff verhaltensoriginell finde ich da irgendwie schon lustiger.

Da ich gerne Dinge mache, die mir Freude bereiten und ich sehr lustig und voller Lebensfreude bin, hat Sabina schon einmal über mich gesagt, dass ich wie Pipi Langstrumpf sei, und ganz nach dem Motto „Ich mach die Welt, so wie sie mir gefällt" leben würde. Mit ganz viel Lebensfreude und Optimismus. Das stimmt wirklich.

Eine Zeit lang habe ich übrigens geglaubt, dass alle Hunde so denken und fühlen würden wie ich und daher die Welt genauso sehen und erleben. Aber dann ist mir irgendwann einmal aufgefallen, dass das nicht so ist. Ich fühle intensiver und nehme definitiv mehr wahr als andere. Das fand ich im ersten Moment schon etwas komisch.

Nur wer mich wirklich gut kennt, kann mich auch verstehen. Vielleicht ist das auch der Grund, warum ich nicht so viele gute Freunde habe. Manchmal verstehe ich die Welt um mich herum nicht mehr. In solchen Momenten fühle ich mich oft ganz alleine, obwohl ich es ja in Wirklichkeit gar nicht bin. Aber zum Glück hat mein El Chefe meistens Verständnis für mich. Und wer mich immer versteht, ist mein Frauchen Sabina. Das kann ich auch nicht oft genug erzählen. Es wäre sehr schlimm, wenn mich tatsächlich niemand in meiner Gefühlswelt verstehen würde! Sie versteht mich so gut, weil sie auch so ein Sensibelchen ist. Sie ist nämlich auch hochsensibel und hochsensitiv. Darum ist es mein größtes Glück, bei ihr leben zu dürfen. Sie ist mein absoluter Ruhepol, und wenn mich all die vielen Reize mal wieder durcheinander gewirbelt haben, dann legt sie einfach ihre Hände auf meinen Körper und gibt mir und meiner Seele den nötigen Halt, den ich so dringend brauche. Das ist sehr wichtig für mich, so wie ein Rettungsanker. Dann fühle ich mich geborgen und wohl.

Ich bin glücklich und stolz, so gefühlvoll zu sein

"Hochsensibel zu sein
ist mein allergrößtes Geschenk!"

Amigos Gruß

Ich habe dir jetzt sehr viel aus meinem Leben erzählt und hoffe, dass dir meine Geschichte gefallen hat. Ich habe mir die allergrößte Mühe gegeben, dir zu zeigen, dass jeder so ist, wie er eben ist und dass es eigentlich kein richtig oder falsch, besser oder schlechter gibt.

Versuche dich nicht mit den anderen Kindern zu vergleichen, denn du bist einzigartig. Niemand auf der Welt kann zu 100% so aussehen und sein wie du.

Aber du darfst gerne versuchen, im Umgang mit den anderen Kindern zu lernen, wie man beim Miteinander sehr viel Spaß und Freude haben kann, auch wenn die Anderen nicht so gefühlvoll sind wie du.

Lerne unbedingt, auf deine Gefühle zu hören und gut für dich zu sorgen, damit du möglichst immer wieder in deine „innere Mitte" kommst (So nennen es die Yogis, die selten gestresst und ziemlich entspannt sind! OM).

Sei stolz auf Dich, denn du bist
ein ganz besonderes Menschenkind.

Wenn Du magst, kannst Du die großen Bilder von mir auf den Seite 96 und 97 ausschneiden und in Deinem Zimmer aufhängen. Sie sollen Dich vor allen Dingen immer daran erinnern:

Du bist wie du bist,
genial und total normal!

Amigos und Sabinas Wunsch

Unser größter Wunsch ist, dass alle feinfühligen und hochsensiblen Wesen sich in der Gesellschaft angenommen, respektiert und wertgeschätzt fühlen können. Mit Mitgefühl bzw. mit viel Gefühl können Herzen geöffnet werden, um so die Welt friedvoll zu verändern.

Was ist Dein Herzenswunsch?

Sabinas Gruß an die Erwachsenen

Meine persönliche Bitte an die Eltern, Großeltern, Erzieher und Erzieherinnen, Lehrer und Lehrerinnen und Freunde: Versuchen Sie bitte, die hochsensiblen Kinder zu verstehen und anzunehmen, wie sie sind – mit allen positiven und negativen Facetten.

Die Kinder haben es in dieser leistungsorientierten Welt und mit der Betrachtungsweise des Mainstreams und des Schubladendenkens „Alle sind gleich gestrickt" sowieso schon schwer genug.

Eltern hochsensibler Kinder haben es ebenso nicht immer einfach, der Alltag kann schon einmal zur Herausforderung werden. Über ihre Sinne – Sehen, Riechen, Hören, Schmecken, Fühlen, Spüren und Empfinden – nehmen ihre Kinder ständig eine Fülle an Informationen auf, und diese Reize müssen auf allen Ebenen verarbeitet werden. Darum ist es wichtig, Kinder mit dieser erhöhten Sensibilität in ihrem seelischen Gleichgewicht zu stärken und ihnen das Gefühl zu geben, dass alles so richtig ist, wie es eben ist, und jederzeit zur Seite zu stehen mit der verbindlichen Basis der bedingungslosen Liebe. Wichtig ist zu wissen, dass sich Hochsensibilität nicht um- oder wegerziehen lässt. Kinder mit dieser angeborenen Gabe sollten nicht in Watte gepackt und überbehütet werden. Hochsensibilität sollte auch nicht als eine Art „Schutzschild" betrachtet werden, hinter dem alles verborgen werden kann. Kinder mit Feinfühligkeit benötigen ebenso Regeln wie andere Kinder. Bei der Erziehung sind viel Fingerspitzengefühl, Empathie, Kreativität und Flexibilität gefordert.

Sie haben dieses Buch gekauft, weil mein Anliegen bei Ihnen auf Interesse gestoßen ist. Lassen Sie uns doch gemeinsam die Themen Hochsensibilität und Hochsensitivität im Allgemeinen und das Wissen und das Verständnis um die besonderen Bedürfnisse in die Welt tragen, damit unsere hochsensiblen Kinder es nicht ganz so schwer haben. Obwohl das Thema seit 2014 vermehrt in den Medien publiziert wurde, ist es immer noch nicht überall bekannt. Im Sommer 2016 habe ich eine Fortbildung für 33 Lehrer/Lehrerinnen angeleitet und nur 4 (!) hatten von der Besonderheit „Hochsensibilität" gehört. Darum ist es eine Herzenssache für mich, als „Botschafterin für hochsensible Kinder" Bücher und Beiträge zu schreiben sowie Vorträge und Workshops zu halten.

Feinfühlig oder hochsensibel/hochsensitiv zu sein ist kein Makel, sondern eine wundervolle Begabung. Die Welt braucht begabte, kreative und empathische Kinder! Dennoch musste ich in den letzten Jahren beobachten, dass hochsensible Kinder unter ihrer Begabung und ihrem Charakter manchmal sehr leiden, weil sie nicht so sein dürfen, wie sie sind. **Feinfühlige und empathische Kinder sind wie Farbtupfer in einer grauen Gesellschaft**.

Unwissenheit seitens der Eltern oder Pädagogen und gesellschaftliche Zwänge drücken den hochsensiblen Kindern einen Lebensstil auf, der diese in eine „Normschublade" zwängt. Es ist ein großes Problem, denn diese Kinder passen da nicht hinein. Werden hochsensible Kinder durch einen entsprechenden Erziehungsstil in eine Norm gezwängt, können psychosomatische Auffälligkeiten und gesundheitliche Probleme auftreten. Je mehr die Hochsensibilität in der Gesellschaft als normal akzeptiert wird, desto leichter können sich Kinder mit dieser Eigenschaft in ihren Potentialen entfalten. Und zusammen sind alle Kinder wie ein bunter Blumenstrauß:

Einzigartig und gemeinsam strahlen sie
mit ihren Besonderheiten in die Welt.

Mein persönlicher Herzenswunsch ist es, den Erwachsenen von dieser besonderen Begabung zu erzählen, damit sie versuchen können, die sensiblen Kinder zu verstehen. Ich kann mich noch sehr gut an meine Kindheit erinnern, wie schwer ich es manchmal hatte. Meine Sensibilität wurde oftmals belächelt, abgetan oder durch einen autoritären Erziehungsstil „weggedrückt". Wie oft habe ich gehört „Sei doch mal normal", oder „Mach doch mal etwas vernünftig, eins nach dem anderen". Meine Eltern haben versucht, mich in eine Normschublade zu stecken, doch meine Hochsensibilität und mein Feingefühl haben sie nie erkannt (sie konnten oder wollten es nicht!). Mein Körper hat darauf – ausgelöst durch innere Konflikte und erhöhtem Stresslevel – mit ständigen Infekten und Entzündungen reagiert.

So wie ich es als junger Mensch erfahren habe, ist solch ein Umgang fatal für die jungen, sensiblen Wesen, denn so kann sich ein Kind kaum emotional, seelisch und körperlich zu einem stabilen, selbstbewussten, gesunden Erwachsenen entwickeln. Dem Kind wird täglich suggeriert, dass es eben nicht normal ist, dass es nicht so empfindlich sein soll, sich zusammenreißen muss... und viele Dinge mehr. Durch diese Botschaften - auch nonverbal ausgedrückt - erlebt sich das Kind als „nicht richtig". Es bekommt täglich Negativ-Affirmationen, die sich dann fest im Gehirn einbrennen und sich zu unbewussten Blockaden entwickeln können.

Ein Kind sollte unter seiner Einzigartigkeit, seinem „Anders-Sein" und seinem besonderem Charakter nicht leiden, denn hochsensible Kinder haben es in ihrem alltäglichen Leben schon schwer genug.

Wird ein Kind mit seiner hochsensiblen Persönlichkeit wertgeschätzt, kann es sich gut entwickeln. Die Kinder brauchen das Gefühl der bedingungslosen Liebe, der Verlässlichkeit, des Vertrauens und der Annahme, so wie sie sind. Mit all ihren Gefühlen und ihrem Feingefühl, damit sich unsere Kinder geborgen und geliebt fühlen, um sich in ihrem Potential frei entfalten zu können. So wie ein Baum, der als zartes Pflänzchen seine Wurzeln bildet und gut verwurzelt wachsen kann, um später sicher im Leben zu stehen.

Eine ganz persönliche Bitte an die Eltern: Denken Sie daran:

„Nobody is perfect"

Ich bin es nicht, und auch Sie werden nicht tagtäglich eine Engelsgeduld für Ihr hochsensibles Kind aufbringen können. Seien Sie einfach authentisch. Die Basis für die Erziehung und die freie Entwicklung eines feinfühligen Kindes sind Geborgenheit und bedingungslose Liebe. Sehr viel Verständnis, Geduld und eine Prise Humor dazu - und Sie werden die Turbulenzen des Alltags gut überstehen!

Denken Sie auch bitte immer daran, dass Ihr Kind oftmals unverständlich reagiert, weil der Stresslevel durch die Reizüberflutung einfach zu hoch ist.

Tipp: Mehr zum Thema „Hochsensible Kinder verstehen" gibt es im Praxisbuch „Ich bin wie ich bin - genial und total relaxed": Yoga- und Entspannungsübungen, Tipps zur Stressreduktion und kleine feine Gedankenimpulse für mehr Gelassenheit. ISBN 978-3-9817978-3-1.

Danke!

Von Herzen danke ich meinem Sohn Ricardo, der während seiner kindlichen Entwicklungsphase mein größter Lehrmeister war. Ich danke allen Kindern mit ihrem Feingefühl, jede Begegnung war ein besonderes Geschenk für mich.

Ich möchte besonders Frank danken. Er ist nicht nur mein Partner, Wegbegleiter und Seelentröster, sondern auch meistens Erstleser meiner Texte. Natürlich danke ich ihm auch für seine Geduld, denn als Ehemann mit einer hochsensiblen Partnerin zusammen zu leben, ist nicht immer einfach.

Amigo, ich bin von Herzen dankbar, dass ich so einen tollen, sensiblen Hund an meiner Seite haben durfte. Dieser Dank gilt natürlich auch Benji, er war mein treuer Begleiter und Seelenhund. Und Kater Jio darf ich auch nicht vergessen.

Großes Lob und Dank geht natürlich an Thomas Wendt und Markus Bertolero, meine Verleger, die von Anfang an von dieser Buchidee begeistert waren. Ohne Carla hätte dieses Buch niemals lebendig wirken können. Ich danke ihr von Herzen für die wundervollen Illustrationen und schätze ihre Begabung sehr.

Lieben Dank an Bettina Gerstbauer (Susawindkind) für die wunderschöne genähte Amigo-Figur, so ist mein Ibicenco immer an meiner Seite.

Ich möchte Gerald Hüther für sein wundervolles Verständnis und seinen Einsatz für Kinder danken - und für sein Zitat auf dem Buchrücken. Er versteht es, Dinge klar und verständlich auf den Punkt zu bringen und auch mal überholte Systeme auf den Kopf zu stellen. Für mich gilt es seit mehr als 10 Jahren: kein Vortrag ohne ein Hüther-Zitat. Danke!

Ein herzlicher und glücklicher Dank an die Leser dieses Buches und vor allen Dingen an die Erwachsenen, die dieses Buch gekauft haben. Werden Sie mit der Figur Amigo und mir zu Botschaftern, die der Welt von der facettenreichen und gefühlvollen Wahrnehmung hochsensibler Menschen berichten.

Herzlichst,

Sabina

Über die Autorin

Sabina Pilguj hat als Autorin mehrere Bücher veröffentlicht. Vor einigen Jahren ist sie aus einer „sicheren" beruflichen Existenz ausgestiegen, um ihrer Berufung zu folgen. Sie ist Yogalehrerin (mehrjährige Kundaliniyogaausbildung Stufe I und Stufe II) mit Zusatzausbildung für Kinderyoga, Heilpraktikerin für Psychotherapie, Tierpsychologin (ATN) mit Schwerpunkt Hund und ebenso ausgebildet in Klinisch Orientierter Psychomotorik. Auf dem ersten deutschen Kinderyogakongress wurde sie als eine Pionierin des Kinderyoga in Deutschland vorgestellt. Als Referentin hält sie Vorträge auf Kongressen und als Dozentin leitet sie Seminare in verschiedenen Instituten oder in privaten Workshops.

Kinder zu stärken und sie zu begleiten, liegt ihr sehr am Herzen. Sabina Pilguj ist von Geburt an hochsensibel und weiß um all die Schwierigkeiten, Herausforderungen, Missverständnisse, die eine Hochsensibilität mit sich bringen kann. In ihrer langjährigen Erfahrung als Kinderyogalehrerin lernte sie einige hochsensible Kinder kennen, die es in ihrem Alltag, im Kindergarten oder in der Schule nicht leicht hatten. Die Kinder fühlten sich oftmals sehr gestresst und unwohl. Ihr wurde klar, wie wichtig Entspannung und Stressreduktion für hochsensible Kinder sind.

Bedingt durch ihre eigene Hochsensibilität ist es ihr ein großes Anliegen, sich für diese Kinder einzusetzen, damit sie sich - so wie sie sind - normal und bedeutsam fühlen können. Ihre Methode, hochsensible zu Kinder stärken, hat sie „AMIGO" genannt (Achtsam, mutig, ideenreich, gefühlvoll, optimistisch). Sie berät hochsensible Mütter nach ihrem Coaching-Konzept „IBI-ZA" (Ich bin ich - zentriert und achtsam), hält Vorträge und leitet Fachfortbildungen, damit hochsensible Kinder mehr Unterstützung und Akzeptanz erfahren.

Der Hund Amigo, Sabinas Botschafter und Mutmacher für hochsensible Kinder hat einen eigenen Blog für hochsensible Kids & Teens, um ihnen das Thema „Hochsensible Gefühls- und Wahrnehmungswelt" zu erklären

Kontakt und weitere Infos : **www.ibi-za.de**

Sabinas über Amigo: Beim Schreiben dieses Buches lag Amigo oft in meinem Büro. Und wenn ich die eine oder andere Zeile mir laut vorgelesen habe, hatte ich das Gefühl, er würde sogar ein wenig schmunzeln. Als die fertigen Bücher dann bei uns ankamen und ich den Karton ausgepackt habe, hat Amigo auch gleich einen Blick auf die druckfrischen Exemplare geworfen. Wir waren beide sehr stolz. Und als die ersten positiven Rückmeldungen kamen und Rezensionen veröffentlicht wurden, habe ich Amigo sofort davon erzählt. Er zwinkerte mich jedes Mal schelmisch an, so als wollte er mir für unser gemeinsames Werk eine Bestätigung geben. Und er wusste genau, wie wichtig seine Botschaften für die feinfühligen Kinder sind.

Doch auch ein Hundeleben dauert nicht ewig und Amigo ist inzwischen über die Regenbogenbrücke gewandelt. Nun sitzt er bestimmt auf einer Wolke oben im Himmel und schaut mir zu, wie ich seine Botschaften weiter in die Welt trage, damit sich die Kinder gut fühlen und vieles von Amigo lernen können. Amigo hat sich schon zu Lebzeiten als kleiner Held verewigt und wird in Form einer Amigo-Figur weiterleben.

Als ich an dem zweiten Buch „Ich bin wie ich bin – genial und total relaxed" geschrieben habe und mir dabei die Stofffigur „Yogi Amigo" und die Illustrationen anschaute, hatte ich oftmals das Gefühl, Amigo würde ganz nah bei mir sein und mir wohlwollend zuzwinkern.

© ViaNaturale Verlag

Ich bin wie ich bin

- genial und total normal

© ViaNaturale Verlag

Ich bin wie ich bin - genial und total normal

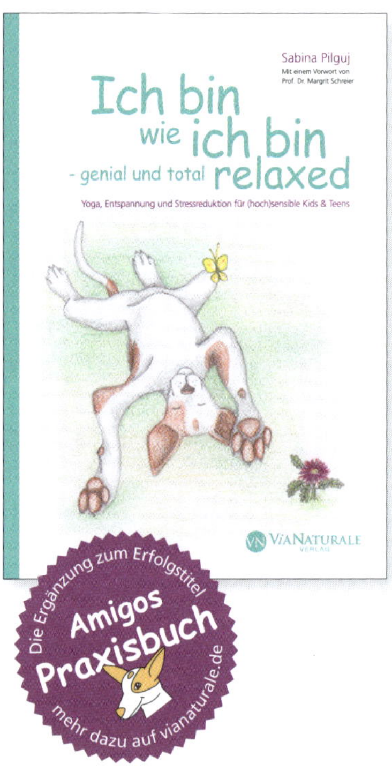

„Ich bin wie ich bin - genial und total relaxed"

Yoga, Entspannung und Stressreduktion für (hoch)sensible Kids & Teens

Im zweiten Teil der Amigo-Reihe liegt der Fokus auf Stressreduktion mit Hilfe von Kinderyoga sowie Entspannungs- und Achtsamkeitsübungen. Die Kinder lernen mit Amigo, was „guter" und „böser" Stress ist und wie sie damit umgehen können. Leicht zu erlernende kindgerechte Yogaübungen wie beispielsweise „Pinkelnder Amigo" oder „Katz und Kuh" werden einzeln erklärt und sind liebevoll illustriert. In zwei Geschichten eingebunden motivieren die Übungen Kinder und Eltern dazu, „am Ball zu bleiben". Ihr Kind wird angeregt, Achtsamkeit für sich selbst zu entwickeln und auf eigene Bedürfnisse zu achten. Aus dem Entdecken der inneren Schätze kann sich eine bessere Selbstannahme entwickeln und das Selbstvertrauen gestärkt werden. Ergänzt werden das Buch durch zahlreiche Tipps und Tricks, die Kindern helfen, bei Reizüberflutung oder hohem Stresslevel besser und unkompliziert wieder zu Ruhe und Entspannung zu kommen.

Autorin: Sabina Pilguj
Vorwort: Prof. Dr. Margrit Schreier
Illustrationen: Carla Wendt
Umfang/Format: 144 Seiten, Din A5, Hardcover

ISBN: 978-3-9817978-3-1

Und noch mehr auf vianaturale.de

- **Das große Amigo Kinderyoga-Übungsposter**
- **Mindlet-Armbänder von Amigo**

Audio CD

„Logopädischer Mundsport für Kinder"

Lippen- und Zungenübungen für eine klare Sprache – mit Lotta, der Logoraffe

Artikulationsprobleme bei Kindern sind weit verbreitet - aber spielerisch oft gut zu korrigieren. Lotta, die Logoraffe, ist dafür die perfekte Begleiterin. Sie trainiert mit den Kindern in 22 Tracks unterhaltsam und gleichzeitig logopädisch wirksam die optimale Aussprache. Die Auswahl der Lippen- und Zungenübungen ist praxisbewährt und motiviert Ihr Kind, am Ball zu bleiben. Diese CD kann Kindern helfen, bestehende Artikulationsschwächen spielerisch aufzulösen aber auch vorbeugend mit lustigen Übungen eine klare Aussprache zu festigen. Für Spaß und Sicherheit beim Sprechen.

Autoren:
Steffi Richter, Abbas Schirmohammadi
Umfang/Format:
Audio-CD im DigiPack mit eingeheftetem
8-seitigem Booklet, Spieldauer 53 Min.

ISBN: 978-3-9817978-5-5

„Amigos Gute-Nacht Fibel"

Entspannt leichter einschlafen: Tipps & Tricks für (hoch)sensible Kinder und Infos für Eltern

Ein- und Durchschlafstörungen können bei Kindern ab und zu vorkommen. Werden sie allerdings zur Regel, wirkt sich das sehr negativ auf Gesundheit des Einzelnen aber auch auf das Zusammenleben der ganzen Familie aus.

Insbesondere (hoch)sensiblen Kindern fällt es schwer, zur Ruhe und in einen erholsamen Schlaf zu kommen. In Teil 1 des Buches werden den Eltern mögliche Ursachen der Einschlafprobleme erklärt, In Teil 2 zeigt der Hund Amigo den Kids anschaulich zahlreiche Entspannungsübungen, und hat dazu ein besonders wirksames Abendritual im Gepäck.

Autorin: Sabina Pilguj
Illustrationen: Carla Wendt
Format: Din A5, Hardcover

ISBN: 978-3-9817978-4-8